Unterm Dom

von himmlischen Genüssen und irdischen Gaumenfreuden

Impressum

Herausgeber:	© S. Götzen & K. Giese Gasthaus „Zum Batzewert" Kornmarkt, 65549 Limburg Fax 0 64 33 / 41 28 www.Unterm-Dom.de
Verfasser:	Hartmut Götzen unter Mitarbeit von Friedel Kloos
Karikaturen:	Eva Götzen
Grafische Gestaltung und Herstellung:	KISSEL-VERLAG, 65614 Beselich, Tel 0 64 84 / 60 58 www.kisselverlag.de

Printed in Germany

ISBN 3-933746-08-6 2. Auflage 2002

UNTERM DOM

Band I

Von himmlischen Genüssen und irdischen Gaumenfreuden

Ein Buch zum Schmunzeln und Kochen von Hartmut "Hardy" Götzen

Inhalt

Vorwort

Unterm DOM

Die Welt betrachtet zwischen Himmel und dem herrlichen Fleckchen Erde Limburg an der Lahn, bekannt durch das traditionelle Gasthaus „Zum Batzewert". Ein Leitfaden für die zweitschönste Sache der Welt, Essen und Trinken, ausgedehnt auf einen Zeitraum von 170 Jahren. Das Gasthaus „Zum Batzewert", Hochburg und Einkehr der Prinzen des Dreierbundes.

Die Idee zu diesem Buch entstand durch unsere lieben Gäste, Freunde und Bekannten. Die Flaniermeile Kornmarkt sowie der Batzewert sind ein Anziehungspunkt für viele Gäste aus nah und fern. Einmal das Flair des Sommers auf dem Kornmarkt gespürt, einmal hier eingekehrt und die Atmosphäre der Vergangenheit und Gegenwart in sich aufgenommen, wird man immer wieder gerne zurückkehren. Eingebettet zwischen Dom und Stadt liegt der Kornmarkt und bietet eine besondere Kulisse, die viel Phantasie erzeugt und den Glanz der guten alten Zeiten erahnen lässt.

Ich freue mich besonders, dass Herr Friedel Kloos uns aus seinem Archiv alte Bilder, die vom Treiben auf dem Kornmarkt während der Jahrhundertwende zeugen, zur Verfügung gestellt und diese auch kommentiert hat.

Der Leser wird vom Dom mit seinen himmlischen Genüssen, durch die Altstadt von Limburg mit dergleichen historischen Genüssen zum Kornmarkt und von da direkt in den „Batzewert" mit seinen irdischen und weltlichen Freuden aus Küche und Keller geführt.

Selbstverständlich freue ich mich auch, allen Lesern das Team, Kollegen und Mitarbeiter (innen) vorstellen zu dürfen. Ihnen allen gebührt der Verdienst um den zufriedenen Gast. Mit ihrem Engagement tragen sie mit dazu bei, das die Tradition eines 170 Jahre alten Gast- und Brauhauses nicht verloren geht.

Ich habe mich dazu entschlossen, nicht nur ein Kochbuch zu schreiben, sondern „Unterm Dom" soll „Abschmatzen für Geist, Seele und Körper" bedeuten. Bewusst ironisch und spöttisch will ich dazu beitragen, dass mit einem Schmunzeln dieses Buch gerne und leicht gelesen und dass nach ihm gekocht wird. Karikaturen und Fotos sind in Eigenregie hergestellt und weisen auf viel Verstecktes und Tiefsinniges hin.

Mit diesem Buch möchte ich auch der Nachfrage der zahlreichen nicht ortsansässigen Gäste, die am „Batzewert" die bodenständige Hausmannskost schätzen und diese Gerichte gerne nachkochen möchten, Rechnung tragen.

Sehr wichtig für mich ist auch das soziale Engagement. Vom Verkaufserlös des Buches, werden 0,70 Euro an die „Aktion Leberecht" gespendet, einer Organisation, die Hilfsbedürftige unterstützt und von der Frankfurter Neuen Presse mit den Regionalausgaben Nassauische Neue Presse sowie dem Höchster Kreisblatt und der Taunuszeitung ins Leben gerufen wurde.

Liebe Leser:

Genießen Sie die kostbare Historie von Limburg,
bereiten Sie sich und Ihren Lieben, ein leckeres Essen,
schmunzeln Sie über herzhafte Anekdötchen, vielleicht
erkennen Sie einige Wahrheiten,
Betrachten Sie „Essen gehen" als (k)ein Abenteuer!

In Band II. werde ich Sie erschüttern und zum Nachahmen verführen. Romantische Diners und ihre Folgen. Auch *Vegetarier* werden nicht überleben. Es lohnt immer noch *Essen zu Gehen* und sich von Herzen verwöhnen zu lassen.

Verantwortlich:
Hartmut „Hardy" Götzen

Der Dom dominiert

An den sieben Türmen des Limburger Doms ist wohl jeder schon einmal vorbeigefahren.

Egal aus welcher Richtung sie sich Limburg nähern, sobald Sie Einblick in das klimatisch so begünstigte Limburger Becken erhalten, springt Ihnen der optische Höhepunkt dieser Region förmlich ins Auge:
Der siebentürmige Limburger Dom, der auf einem steilen Felsen über Lahn und Altstadt thront.

Schön, mag so mancher denken, setzt den Blinker und wechselt auf die Überholspur. Er ahnt nicht, was er dadurch versäumt - zum Beispiel die nähere Bekanntschaft eines der imposantesten hessischen Baudenkmäler: die ehemalige Stiftskirche St. Georg mit der für einen Dom so ungewöhnlich kurzen Bauzeit (1215 - 1235) verbindet Einflüsse rheinischer Spätromanik und französischer Frühgotik. Seit den 70er Jahren unseres Jahrhunderts erstrahlt die viergeschossige Emporenbasilika wieder in ihren ursprünglichen Farben.

Quellennachweis:
Bild (Dom) im Privatbesitz von H.-J. Topp
Limburg a. d. Lahn Edition Kunsthandlung Topp

Kunsthistorische Sensation

Was den Dom aber vollends zur Rechtfertigung für einen Limburgbesuch macht, sind die Ergebnisse der Innenrestaurierung, die in mehrjähriger, akribischer Detailarbeit eine kunsthistorische Sensation zu Tage förderte: farbenfrohe romanische Fresken der Original-Raumfassung aus dem 13. Jahrhundert! Damit besitzt Limburg einen in Europa einmaligen Kunstschatz, der im gleichen Rang steht wie der Domschatz im wenige Schritte entfernten Diözesanmuseum. Dort ragt unter 14 sakralen Kunstwerken vor allem die Staurothek heraus. Übrigens: das mehr als tausend Jahre alte Kreuzreliquiar wurde 1204 von Kreuzrittern aus der Hagia Sophia im heutigen Istanbul entwendet.

Junges Leben in altem Fachwerk

Manchmal weiß man gar nicht, wovon in Limburg die größere Attraktivität ausgeht: vom imposanten Eindruck des Doms oder vom beispiellosen Reiz der märchenhaft verwinkelten Fachwerkaltstadt, die in dieser Geschlossenheit kaum noch irgendwo anzutreffen ist.

Die hohen, mehrgeschossig vorragenden Häuser mit ihren reich verzierten Giebeln stehen dicht gereiht und bilden schmale, verwinkelte Gassen, die sich unvermutet zu freundlichen Plätzen weiten.
Doch diese ganze Pracht ist ganz und gar nicht museal, denn im alten Fachwerk pulsiert junges Leben. Hier wird gewohnt und gearbeitet, ausgestellt und verkauft, gegessen und getrunken.

Die Fachwerkbauten mit ihren reichen, oft figürlichen Schnitzereien entstammen dem 13. bis 19. Jahrhundert. Die Gebäude Römer 2-4-6 (1289) und Nr. 1 (1296) zählen sogar zu den ältesten erhaltenen Fachwerkbauten in Deutschland. Hier in der Altstadt finden sich Burgmannenhöfe und Stiftsherrenhäuser, Wohnhäuser wohlhabender Patrizier und Hallenhäuser, die typischen Geschäfts- und Wohnhäuser der Handelsherren. Diese Kaufleute legten den Grundstein zu Limburgs noch heute bedeutender Stellung als Handelsstadt.

Seit sich in der Mitte des 11. Jahrhunderts westlich des Domfelsens eine kleine Siedlung entwickelte und in einer Urkunde Kaiser Heinrichs VI 1195 das Limburger Maß (1 Malter Weizen = 155 kg) erwähnt wird, ist Limburg in seinem Charakter ein Handelsplatz gewesen, geprägt von einer selbstbewussten Bürger- und Kaufmannsschaft.

Die Konzentration an Einzelhandelsgeschäften ist erstaunlich hoch. Dass es so viele gute Geschäfte gibt und diese mit einem so reichhaltigen Angebot aufwarten, erklärt sich vor allem daraus, dass der Einzelhandel nicht nur die 35.000 Einwohner Limburgs, sondern eine ganze Region mit über 250.000 Menschen versorgt.

Vielfalt, Tiefe und Qualität des Angebotes haben Großstadtniveau, ohne dass Limburg mit den Schattenseiten einer Großstadt dafür bezahlen muss.
Vom großen Warenhaus über das spezialisierte Fachgeschäft bis zur Lifestyle-Boutique ist alles vertreten.

Wenn Limburg feiert ...

An den Sommerwochenenden im Juli und August lockt die Stadt zu ihrem schon traditionellen „Limburger Sommertreff“ mit Konzert- und Theaterveranstaltungen. Ebenfalls im Juli präsentieren die Winzer aus dem nahen Rheingau während der „Rheingauer Weintage“ ihre edlen Tropfen. Einer der bedeutendsten Jahrmärkte der Region ist schließlich das Oktoberfest, zu dem Tausende aus dem gesamten Umland nach Limburg kommen - und das, im Unterschied zu seinem Münchner Namensvetter, tatsächlich im Oktober stattfindet.

Limburg und seine Umgebung

Doch nicht nur die Stadt selbst ist für den Besucher interessant. Limburg ist der ideale und verkehrsmäßig optimal gelegene Ausgangspunkt für Wanderungen und Fahrten in den nahen Taunus und den Westerwald.

Auch das romantische Lahntal lädt mit seiner herrlichen Flusslandschaft und zahlreichen Sehenswürdigkeiten flussauf und flussab zu den verschiedensten Entdekkungen ein.

Rund um den Kornmarkt

von Friedel Kloos

Der Kornmarkt liegt im südlichen Eingangsbereich zur Limburger Altstadt. Bis etwa 1830 war er Grenzregion der Stadt. Um diese Zeit wurde an der Grabenstraße die alte Stadtmauer durchbrochen und der in Höhe des heutigen Dom-Hotels stehende „Rote Turm" nieder gerissen. Damit war eine Öffnung zur Aarstraße (heute Bahnhofstraße) und zum später angelegten Neumarkt geschaffen. Der Kornmarkt, der immer größter Platz in der Altstadt war, zeigte sich ursprünglich kleiner. Der Limburger Altstadtforscher Johann Georg Fuchs geht davon aus, dass die heutige Platzgröße erst im 16. Jahrhundert durch Niederlegung einiger Häuser im oberen Bereich entstanden ist.

Bild 1: Gesamtansicht um 1910

In der Mitte des 19. Jahrhunderts hatte der Platz für Limburg schon eine zentrale Bedeutung. Aus dieser Zeit soll einiges erzählt werden:

Bei kleineren und größeren Umzügen in der Karnevalszeit war der Kornmarkt ein besonderer Ort für närrisches Hallodria. Bis etwa 1860 begannen und endeten hier die Fastnachtszüge. Am Fastnachtsonntag gab es eine große Parade der Garde zu

Ehren des Prinzen Karneval. Am Fastnachtdienstag thronten die närrischen Tollitäten mit Gefolge auf einer Tribüne vor dem Steinernen Haus (heute Commerzbank). Die Abschlussfeier endete meist mit einem lustigen Theaterspiel. Während der närrischen Tage war hier auch die Hauptwache der Garde, die Griesgrämer vorführte und verurteilte. Die „Bösewichte" wurden exemplarisch verdonnert und mussten beim Wirt Adam Blechschmidt (heute Batzewert) ihre Strafe absitzen. Allein der Umstand, dass die Haftzelle eine Wirtschaft war, deutet auf einen für die Verurteilten „angenehmen Knastaufenthalt" hin.

Ein Zeuge der Fastnacht aus früherer Zeit erzählte von einem spektakulären Erlebnis: Als Kind saß er beim Fastnachtszug als Harlekin verkleidet auf einem Wagen. Während der Abschlussfeier auf dem Kornmarkt sei plötzlich mit großem Getöse die Bühne, auf der Prinz mit Gefolge und die Musikkapelle standen, holter die polter zusammengekracht. „Glücklicher Weise ohne besonderen Schaden für die Personen", wie der Zeitzeuge sich Jahre später noch erinnerte.

Auf Einladung des Westerwaldvereins fand am 11. und 12. September 1909 in Limburg die Hauptversammlung des Verbandes deutscher Gebirgs- und Wandervereine statt. Höhepunkt dieser Veranstaltung war am Sonntag ein imposantes Treffen vieler Wanderfreunde. „Gewiss an 10.000 Menschen bewegten sich auf dem Kornmarkt bis zur Bahnhofstraße und in den Nebenstraßen", so war damals in der Zeitung zu lesen. Von 12 bis 1 Uhr fand ein großes Promenadenkonzert auf der Terrasse des Cahensly'schen Hauses statt. Nebenan waren das Weinhaus Schultes und die Bierschänken Wischum (Goldener Löwe) und Litzinger (Batzewert) stark frequentiert und überall erschallte fröhlicher Volksgesang bei bester Stimmung. Ähnlich wogend geht es auch seit 1972 jährlich im Juni zu, wenn Limburg sein Altstadtfest feiert.

* * *

Bei den jetzt folgenden Bildbeschreibungen wird aus der jüngeren Geschichte über die Häuser am Kornmarkt erzählt. Ältere Haushinweise sind in den Veröffentlichungen „Limburg an der Lahn" (1963) von Dr. H. Schirmacher und „Limburger Altstadtbauten" (2000) von J. G. Fuchs niedergeschrieben.

Zu den ältesten Ansichten des Kornmarkts zählt Bild 2, das etwa um 1880 fotografiert wurde. Das schiefe Haus links gehörte zu diesem Zeitpunkt noch zwei Besitzern. Die linke Hälfte dem Schuhmacher Jacob Hilf, der sie 1878 von dem zuvor seit über fünfzig Jahren hier ansässigen Bäcker Christian Göbel erworben hatte. Die Witwe Hilf verkaufte 1885 ihren Hausteil an den Textilkaufmann Wilhelm Siebert. Die rechte Haushälfte erwarb 1855 der Kappennmacher Andreas Wissmann vom Vorbesitzer Gottfried Kuster. Er starb 1901 und das Haus wurde schließlich 1905 ebenfalls an Wilhelm Siebert verkauft. Damit gehörte das Gesamtgebäude wieder nur einem Besitzer.

Bild 2: Nordostseite des Kornmarktes am 1880

Im Frühjahr 1906 entschloss sich Siebert das stark geneigte Haus niederzulegen, was zunächst nicht die Zustimmung der Baubehörde fand. Als sich jedoch herausstellte, dass das Gebäude in seinem Bestand keine Festigkeit mehr besaß, erfolgte ein jetzt genehmigter Neubau. Bis Mitte September 1906, so berichtete die Zeitung, waren schon „über 100 Wagen Bauschutt von der Baustelle abgefahren" worden. Zu den Nachbarhäusern wurden feste Brandmauern erstellt und das Haus zeigte sich bald mit seiner neuen Fachwerkfassade so, wie es auf Bildern in diesem Buch und auch im Original heute noch zu sehen ist.

Rechts von Siebert steht halb verdeckt das Gasthaus „Zum goldenen Löwen", das 1862 in den Besitz von Jacob Wischum kam. Wischum war zugleich Bäckermeister, weshalb er in seinem Gasthaus auch Brot und andere Backwaren verkaufte. Der Nachfolger Jakob Wischum Junior war vor und nach dem Ersten Weltkrieg ein großer Freund der „fünften Jahreszeit“ und als aktiver Karnevalist Finanzminister im Komitee des Limburger Karnevalvereins von 1897. Bei ihm gab es närrische Sitzungen und die Prinzengarde hatte im Goldenen Löwen ihr Standquartier.

Das auf dem Bild dominierende große Gebäude (Bildmitte) - auch Steinernes Haus genannt - war seit 1739 im Besitz des Senators Balthasar Cahensly. Der Neffe Peter Paul Cahensly Senior gründete 1803 eine Lebensmittel-Großhandlung, die später vom Junior Simon Peter Paul Cahensly und dessen Schwager Johann Philipp Grandpré übernommen wurde. Dem Großhandel wurde auch ein eigenes Bankgeschäft angegliedert. Inzwischen war das Nachbarhaus (rechts) gekauft worden, das Anfang der 1880er Jahre niedergelegt und durch einen großen vierstöckigen Neubau ersetzt wurde (siehe rechts im Bild 1). Hierin hatte Cahensly eine große Kaffee-Rösterei und seine Hausmarke „Sirocco“ (benannt nach dem Brennsystem) war im ganzen Nassauer Land bekannt und geschätzt.

Viel Aufregung - besonders bei den Nachbarn - gab es 1863, als die Cahenslys vor ihrem Haus zum Kornmarkt hin einen eingeschossigen Vorbau anlegen wollten. Zuvor war hier in einem kleinen, niedrigen Schuppen die städtische Hauptwache, die amtliche Waage und das Spritzenhaus. Besonders der Nachbar Jakob Wischum vom Goldenen Löwen protestierte zu recht gegen die starke Beeinträchtigung seiner Hausansicht und befürchtete Umsatzeinbußen. Aber alles Jammern half nichts. Damals wurde gemunkelt, das berühmt berüchtigte „Vitamin B“ (B = Beziehungen) habe schließlich den Ausschlag gegeben, dass noch im gleichen Jahr die Baubehörde ihren Segen für den Anbau gab. Erst 100 Jahre später 1964 beim Um- und Neubau der Commerzbank, die inzwischen Besitzer des Anwesens geworden war, verschwand der störende Vorbau. Schließlich wurde in den Jahren 1989/90 das gesamte Gebäude noch einmal total umgekrempelt und im Inneren modernisiert. Von der Bausubstanz des alten Steinernen Hauses blieb so gut wie nichts mehr übrig. Lediglich der 1880er Anbau für die Cahensly'sche Kaffee- Rösterei blieb äußerlich erhalten.

Die heutigen Häuser Kornmarkt 10 und 11 (rechts im Bild 2) waren ursprünglich eine Einheit. Den linken Teil besaß seit 1871 der Häfner Peter Amberger, der 1888 an den Schuhmachermeister Josef Grimm verkaufte. Dieser war viele Jahre Präsident des Männergesangvereins „Eintracht“ Limburg. Auch in der städtischen Kommunalpolitik engagierte sich Grimm als Stadtverordneter und Mitglied des Magistrats. 1927 wurde ihm die Limburger Ehrenbezeichnung „Stadtältester“ verliehen. Das Grimm'sche Haus, in dem sich heute im Parterre ein italienischer Eissalon befindet, ist noch im Besitz der Erben Grimm. Die Teilansicht des folgenden Hauses zeigt über dem Eingang ein Schild mit der Aufschrift „Bierbraurei und Wirthschaft“, die der damalige Besitzer Friedrich Biegel hier betrieb. Über die Geschichte der heutigen Gaststätte „Zum Batzewert“ folgt ein Bericht auf Seite 24-26.

Bild 3: Um 1902 - vor dem Umbau Haus Betten-Siebert (Mitte)

Nach Abbruch der alten Stadtmauer und der Öffnung zur „Neustadt“ verlagerte sich das Markt- und Einkaufsleben der Altstadt vom Fischmarkt auf den Kornmarkt. Die Bilder 3 und 4 zeigen das vielseitige Marktgeschehen zu verschiedenen Zeitpunkten. Aber eine neue Ordnung für den Wochenmarkt vom 1. September 1913 sah die Umsiedlung der Verkaufsstände auf den Neumarkt vor, was jedoch nicht nur bei den Beschickern auf Widerstand stieß. Auch die Geschäfte und Wirtschaften am Kornmarkt und in angrenzenden Straßen befürchteten als Folge eine Beeinträchtigung ihres Umsatzes und protestierten heftig dagegen. Erst gegen Ende der 1920er Jahre war dann das Marktgeschehen auf den Neumarkt umgezogen.

Bliebe noch die Fortsetzung der Häuserbeschreibung vom Kornmarkt: Hinter dem Lehnhard'schen Haus (links auf Bild 4) steht zwischen dem Eingang zur Böhmer-

und Salzgasse das Haus Kornmarkt 3. In ihm befand sich früher einmal das Gasthaus „Zum goldenen Hirsch“, worauf heute noch ein schmuckes Schild hinweist. Seit 1855 gehörte es Anton Blettel. 1875 eröffnete sein Sohn Friedrich Blettel ein Schuhgeschäft. 1909 erwarb das Haus der Schuhwarenhändler Josef Brühl, dessen Frau eine geborene Blettel war. Das Fachwerkgebäude wurde in den Jahren 1990/93 aufwendig restauriert.

Bild 4: 1909 - Nach dem Um- und Neubau des Hauses Betten-Siebert

Auch Kornmarkt 4-5 (Schuhhaus Brühl, heute Fink) war, wie früher viele Häuser in der Altstadt, durch Erbschaft geteilt. Andreas Brühl Junior, dessen Vater schon seit 1829 in der Brückengasse ein Spielwarengeschäft führte, kündigte 1859 per Inserat an, dass er auf dem Kornmarkt im früheren Geschäftshaus Anton Horn einen Laden mit „Colonial-, Specerei-, Wollen- und Baumwollen-, Spiel- und Luxuswaren“ eröffnet habe. Das reichhaltige Warensortiment spezialisierte der Sohn Josef Brühl Senior dann nur noch auf Schuhe. Der rechte Hausteil mit dem Erker gehörte schon seit 1787 dem Sattlermeister Johannes Döppes. Bis 1887 verblieb das Haus im Besitz seiner Nachkommen. Dann kauften es der Schreinermeister Ludwig Weigand und dessen Ehefrau Helena, geborene Döppes. Schließlich erwarb 1919 Josef Brühl Junior den rechten Teil und das Haus war wieder vereinigt.

Bild 5: Südwestansicht um 1905 mit Haus Lehnard (rechts) und Pelz-Wagner vor dem Umbau

Das Bild 5 zeigt uns die untere Hälfte des Kornmarkts. So sah es hier um 1905 aus. Das heute noch auf der Westseite des Platzes dominierende Haus der früheren Textilhandlung Lehnard wurde um 1795 aus zwei Häusern zur heutigen Gestalt umgebaut. Die Gebrüder Wilhelm und Jacob Lehnard hatten es 1870 von den Erben des früheren Kurtrierischen Rates Johann Nepomuk Kremer erworben. Der Mittelteil des Gebäudes erhielt 1910 einen im Jugendstil gestalteten Ausbau. Das Lehnard'sche Textilgeschäft bestand schon seit 1833 in Limburg, ehe es 1870 auf den Kornmarkt umzog.

An der Ecke Bahnhofstraße/Fleischgasse (Bildmitte) steht das Haus Bahnhofstraße 21, das der Kürschnermeister und Kaufmann Heinrich Josef Wagner auch wieder von zwei Besitzern erwerben mußte. Die linke Hälfte mit Eingang zur Bahnhofstraße kaufte Pelzwagner 1892 von den Geschwistern Gregori, die hier eine Möbelhandlung mit Tapetengeschäft führten. Die rechte Haushälfte hatte ihren Eingang in der Fleischgasse. Peter Monreal handelte hier mit Schirmen, bis auch er 1899 an Wagner verkaufte. 1907 ließ der jetzige Gesamtbesitzer das „Geschäftshaus am Kornmarkt neuzeitlichen Anforderungen entsprechend umbauen." Im Herbst 1907 konnte die Zeitung feststellen, dass das Haus „sich demnächst nach gänzlicher Fertigstellung und erfolgtem Fachwerkanstrich als eine Zierde der Altstadt" zeigen werde. Dem kann man auch heute noch zustimmen.

Zwei Limburger Originale: „Fulderhannes“ und „Suppe Christian“

Um das Jahr 1905 kamen die Limburger Andenkenhändler Carl Rösch Junior und Josef Seibel auf eine ungewöhnliche Idee: Im Eigenverlag brachten sie Grußkarten heraus, die das Konterfei von sogenannten Limburger Originalen zeigten. Sie sind heute bei Postkartensammlern eine ausgesprochene Rarität und bei Auktionen oder Flohmärkten gehört schon viel Glück dazu, sie überhaupt noch aufzustöbern. Sie kosteten vor fast 100 Jahren gerade mal 10 Pfennig. Heute muss man mehr als das Hundertfache dafür berappen.

Bild 6

Allerdings sollte man bei den Originalen unterscheiden zwischen ehrbaren Persönlichkeiten und solchen, die ihre Besonderheit meistens nur dadurch zeigten, dass sie den Fusel mehr liebten als die Arbeit. Zur letzten Gattung zählten die hier Abgebildeten, von denen der eine als „Fulderhannes“ und der andere als „Suppe Christian“ Limburger Originale waren.

Johann Seban, genannt Fulderhannes, wurde am 29. September 1852 als uneheliches Kind der Anna Margareta Seban in Mainz geboren. Sie war dort als Dienstmagd tätig und stammte aus Thalau, einem kleinen Dorf am Fuße der Rhön. Die Erklärung für Hannes ergibt sich aus seinem Vornamen Johann. Doch was bedeutet die Bezeichnung „Fulder“? Im heutigen Limburger Sprachgebrauch und Dialekt wird eine Person als Fulder bezeichnet,

deren Wesensart sich grob und ungehobelt im Umgang mit sich selbst und anderen charakterisieren lässt. War Hannes Seban ein solcher Typ? Das Bild jedenfalls zeigt ihn friedlich. Es gibt noch eine zweite Deutung:
Der Geburtsort Thalau seiner Mutter liegt im Bereich des Flusses Fulda und die Bewohner werden hier heute noch Fuldarer oder im Dialekt Fulderer genannt.

Bild 7

Wann es den Fulderhannes nach Limburg zog ist nicht bekannt. 1887 heiratete er die Maria Gerling, eine geborene Fittler, aus Limburg und wohnte auf dem Roßmarkt. Wenn er „fremd ging"- und das war nach Erzählungen alter Limburger nicht selten - bezogen sich seine „Seitensprünge" ausschließlich auf den Besuch von Kneipen. So starb er auch im Alter von 51 Jahren in der Fremde: Am 5. März 1904 wurde er morgens tot an der Lahn bei Mühlen (heute Ortsteil von Eschhofen) aufgefunden. Vielleicht wollte er hier seinen Rausch ausschlafen, der aber dann für ihn zum Schlaf in die Ewigkeit wurde.

Das zweite Postkartenmotiv zeigt Christian Supp, der in Limburg als der „Suppe Christian" überall bekannt war. Geboren wurde er am 22.7.1852, ist also vom gleichen Jahrgang, wie sein späterer „Kollege" Fulderhannes. Sein Vater war ein ehrbarer Werkführer bei der Eisenbahn und Sohn Christian entwickelte sich zum „Aussteiger". Die gab es also auch schon vor über 100 Jahren.
In einem alten Adressbuch der Stadt Limburg wird er als Tagelöhner geführt, war also ein Gelegenheitsarbeiter. Eine seiner „Geldbe-schaffungs-Aktionen" - so ist es überliefert - führte er jeden Sonntag im Frühling oder Sommer aus. Er pflückte

morgens in den Lahnwiesen Feldsträuße, die er dann für 10 Pfennig vor dem Dom an Kirchenbesucher verkaufte.

Suppe Christian wohnte in Limburg in einem Hinterhaus am „Hansams Mist". Dieser wird deshalb so genannt, weil hier, an einem heute noch vorhandenen schmalen Weg zwischen Grabenstraße und unterer Fleischgasse, früher ein Landwirt namens Hans Adam sein bäuerliches Anwesen mitsamt Misthaufen hatte. Für Christian Supp war es vom Hansams Mist nur ein Katzensprung zur nächsten „Tankstelle" am Kornmakt und die war beim „Batzewert". Wenn er seine Blumen am Dom verkauft und einige Groschen im Säckel hatte, war auch die letzte Station vor seiner Heimkehr wieder der „Batzewert". Hier konnte er für jeden verkauften Blumenstrauß ein Viertel-Liter-Glas Bier für 10 Pfennig bekommen. Ein halber Liter kostete sogar nur 15 Pfennig.

Am 8. Juli 1907 starb Christian Supp im Alter von 54 Jahren im St. Vincenz Krankenhaus. Hätten die Hersteller Rösch und Seibel diese beiden Limburger Originale nicht auf Ansichtskarten verewigt, so wären der Fulderhannes und der Suppe Christian heute längst vergessen.

173 Jahre Gastwirtschaft

1829 – *„In monte quodam Lintburk vocato in Longenahe“*– in lupenreinem Latein schenkte einst – auf Bitten eines Mainzer Erzbischofs – ein fränkischer König Limburg seinen Verwandten aus dem Geschlecht der Konradiner. Und zufällig war dieser *„Konrad Kurzbold“* auch noch ein Onkel jenes Konrads, der als verewigter König vom Villmarer Lahnfelsen grüßt.
Doch wollen wir nicht zu weit ausholen – die erste Gästebewirtung im heutigen *„Batzewert“* begann knapp tausend Jahre später – genau in Anno Domini 1829.
Die französischen Revolutionsheere waren seit 27 Jahren verjagt, Napoleon schon tot, Goethe halbtot und das Bistum Limburg gerade mal zwei Jahre – da hatte ein Jörg Blechschmidt die zündende Idee, in einem Haus, das seit 1470 auf dem Kornmarkt steht, eine Kneipe zu eröffnen. Hätte es diesen guten Mann nicht gegeben, müßtest Du jetzt in einer anderen Kneipe weniger erleben.

Anzeige.

Einem geehrten Publikum hiermit die ergebenste Anzeige, daß ich durch Kauf in den Besitz des Hauses des Herrn **Adam Blechschmidt** auf dem Kornmarkt zu Limburg gekommen bin, daß ich die darin seit 35 Jahren betriebene Wirthschaft fortführen und außer einem guten Schoppen Wein gutes Untergährbier, den Schoppen zu **3** kr., verzapfen werde.

Vom Mittwoch den 20. Decbr. an wird das von mir gebraute Bier in Zapf genommen; die Wirthschaft aber bis Ende dieses Jahres und damit dieselbe keine Störung erleidet, bis zur Ertheilung der Wirthschafts-Concession unter der seitherigen Firma geführt.

Limburg, im December 1864.

Friedrich Biegel,
seither Braumeister in der Hill'schen Bierbrauerei.

Bis Hartmuts Wirtschaft folgten noch einige Pächter und Eigentümer. Während sich Bismarcks Norddeutsche mit den Dänen kloppten und die Lahntalbahn schon zwei Jahre dampfte, kaufte 1864 ein Bierbrauer namens Friedrich Biegel die Wirtschaft mit Brauerei.
Familie Biegel war nach 18 Jahren des Treibens überdrüssig und fand im Gastwirt Gregori einen Käufer, der aber mit seiner Kneipe nicht mal ein Jahr glücklich wurde. Er starb einfach. Versteigerungen folgten, in denen immer die Gregori-Erben den Zuschlag erhielten – bis der Oberkellner der „Alten Post“, Gustav Groitzsch, seine Chance sah und das Wirtshaus von der querulierenden Familie Gregori pachtete.
Das war kurz vor der Jahrhundertwende – in 1899. Ein Jahr später war der jetzige *„Batzewert“* hundert Jahre jünger als heute.

Als deutsche Kanonenboote 1905 vor Agadir tabula rasa schaffen wollten (aber alles nichts brachte) und die Ratsherren Limburgs schon fünf Jahre im neuen Rathaus tagten, gab es keinen Gustav Groitzsch mehr und der Eigentümer ließ im *„Limburger Anzeiger“* stolz vermelden, dass sein „neu restauriertes Wirtslokal... wieder von heute an geöffnet“ sei.
Doch das Karussell drehte sich weiter: Da gab es einen Peter Scheuer, der die Wirtschaft betrieb – bis endlich durch Familie Litzinger Kontinuität ins Haus kam.

1909 – Gerade mal als auf der Welt und in Limburg nichts los war (außer dass die Bagdad-Bahn im Osmanischen Reich gebaut wurde) – stieg die Familie Litzinger in das Kneipengeschäft ein. Vier Litzinger-Generationen schrieben für die kommenden Jahre Limburger Wirtshausgeschichte. Und das Wichtigste, was sie richtig machten war, dem Wirtshaus 1909 einen guten Namen zu geben: *„Batzewert“*.

Durch alle angenehmen und schweren Zeiten des Zwanzigsten-Jahrhunderts war der Batzewert einfach „Batzewert“ geblieben.
1919 – Limburgs beliebteste Institution, das Finanzamt wurde eingerichtet und bei Paris der Versailler Vertrag akzeptiert – im Batzewert wurde weiter Bier getrunken.

Alte Autobahnbrücke über die Lahn

1930 – Vornehme Blässe war jetzt out – die Badeanzüge wurden knapper, denn braunwerden war in. Marlene Dietrich faszinierte im „Blauen Engel“ und in New York wurde das „Empire State Building“ gefeiert – im Batzewert wurde über das erste deutsche Hochhaus in Stuttgart palavert und weiter Bier getrunken.

1945 – Limburg und der Batzewert haben elf Luftangriffe überstanden – das Leben ging weiter ab der Stunde Null.

1955 – der russische Sputnik piepst erstmalig aus dem Weltall –Willi Litzinger renovierte den Batzewert, der 27 Jahre so erhalten blieb. 27 Jahre, in denen die Gäste ihr Bier, ihren Wein tranken und die Hausmacher Wurst aßen.
Und dann kam einer, der es schaffte, rustikale Gemütlichkeit mit Erlebnisgastronomie unter einen Hut zu bringen.

1990 – Mauer und Stacheldraht, die Ossis von Wessis trennten waren weg – und in 1990 waren alle in der D-Mark vereinigt. Gorbi war IN, alle taumelten im Einheitsrausch – ein Wahnsinnsjahr in der deutschen Geschichte.
Und genau in der Mitte von 1990, am 1. Juni, bekam das Tor zur Altstadt einen neuen Anstrich:
Hartmut eröffnete den Batzewert auf seine Art. So wie man's (frau's) heute sieht. So wie es heute erlebt wird. Einfach toll. Einfach IN.
Kaum war die gesamtdeutsche Währung zwei Jahre alt und der Euro noch in weiter Ferne, da war der Batzewert wieder Vorreiter – der Batzen wurde als Zahlungsmittel in Limburg eingeführt.
Mitte der Neunziger kam Klaus ins Team – ein stadtbekannter Discjockey, der seinen Geschmack gleich in der Wirtschaft einbrachte.
Heute ist der Batzewert das, was man von ihm hält: Ein Erlebnislokal, das in Limburg Zeichen setzt.

Alte Rezepte neu entdeckt

Alle unsere Speisen und Zutaten sind einfach in der Herstellung und beim Einkauf der Zutaten. Der Einkauf im Delikatessengeschäft oder Gourmet-Einkaufstempel, teurer Party-Service ist nicht nötig. Einkaufsmöglichkeiten für alle Zutaten gibt es bestimmt „gleich um die Ecke".

Suppen

Frankfurter Linsensuppe

für 6 Personen

Zutaten:

500 g Linsen
2 l Fleischbrühe
150 g Dörrfleisch
1 kg Lauch
200 g Karotten
1 kl. Selleriekopf
80 g Zwiebeln
2 El Essig
Salz
schwarzer Pfeffer

Zubereitung:

Alle Zutaten in Würfel schneiden, Linsen waschen, mit Lauch, Sellerie- und Karottenwürfeln in 2 l kochende Brühe geben, aufkochen lassen, Suppe bei geringer Hitze ziehen lassen, Linsen müssen weich werden, aber ihre Form behalten (kaufest), Dörrfleisch und Zwiebeln in einer Pfanne bräunen und in die Suppe geben, mit Mettwurst oder Bockwurst servieren.
Tipp am Rande: je nach Geschmack anstatt Essig 2 El Tomatenmark verwenden.

Käsesuppe mit Lauch

für 10 - 12 Tassen

Zutaten:

400 g Milkana Kräuterkäse
200 g Milkana Sahnekäse
500 g Hackfleisch
4 Stangen Porree
4 - 6 Zwiebeln
1½ l Wasser
1 - 2 Brühwürfel
1 Dose Pilze
1 Becher Sahne

Zubereitung:

Den Porree und die Zwiebeln in kleine Ringe schneiden und in einer Pfanne mit etwas Fett dünsten. Das Hackfleisch mit Salz und Pfeffer würzen und in einem Topf mit Fett krümelig rühren und gar kochen. Dann den Porree und die Zwiebeln dazugeben und mit 1½ Liter Wasser auffüllen, 1 - 2 Brühwürfel hinzugeben. Das Ganze eine ½ Stunde kochen lassen. Anschließend den Käse zufügen und schmelzen. Zum Schluss die Pilze in den Topf geben und mit Sahne auffüllen. Je nach Geschmack 2 Esslöffel Weißwein hinzufügen.
Dazu isst man französisches Weißbrot

Stefani

Eine Limburgerin
zu ihrer Buchhändlerin:
„Was ich gerne haben möchte
ist ein Bestseller, von dem noch
nicht alle Leute reden".

Hardys Markklößchensuppe

Zutaten:

70 g Rindermark
2 Eigelb
1 Ei
100 g trockene, alte Brötchen
Salz, Pfeffer, Muskat
und frische Petersilie

Zubereitung:

Das Mark in Scheiben schneiden oder klein drücken und in einer Pfanne oder einem Topf ausbraten. Semmel in heißer Milch einweichen, ausdrücken und in eine Schüssel geben. Das ausgelassene Mark (Fett) durch ein Sieb über die eingeweichten Semmel gießen; Eigelb, Eier und kleingehackte Petersilie dazu. Salz, Pfeffer und Muskat prisenweise hinzugeben, durchkneten, zu kleinen Kugeln formen (halb so groß wie Tischtennisbälle), in die Fleischbrühe legen und ziehen lassen (bis sie oben schwimmen).

Leberknödelsuppe

für 4 Personen

Zutaten:

6 alte, harte Brötchen
1 Zwiebel
50 g Butter
0,4 l Milch
250 g Rindsleber
3 Eier
abgeriebene Zitronenschale
¼ Bund gewaschene Petersilie
1 Männerhandvoll (oder 2 Frauenhändevoll) Majoran

Ein Bayer in Limburg!

Original bayerische Idee, nach Hartmut vollendetem Gaumenkitzlerwohlgefühl: berühmt, auch weit über die Domstadt hinaus

Zubereitung:

Es gibt zwei Möglichkeiten: 1. Man hat einen kleinen Fleischwolf zu Hause oder einen Küchenmixer. 2. Man hat gar nichts von beiden.

1. und beste Möglichkeit: Butter in der Pfanne erhitzen, klein geschnittene Zwiebeln rein und glasig dünsten, die harten Brötchen in Scheiben schneiden, in heißer Milch aufweichen und mit den Zwiebeln, dem grob geschnittenen Petersilienbund in die Pfanne geben und andünsten. Dazu dann den Majoran – Ihr merkt schon es entfaltet sich ein angenehmer Duft – die Masse mit einem Schuss Milch in der Pfanne auflösen.

2. die Milch und die Brötchen sind schon in einer des Volumens der ganzen Masse entsprechenden Schüssel, jetzt die Leber und den heißen Pfanneninhalt durch den Fleischwolf drehen, Eier rein, die ganze Masse abschmecken mit Salz, Pfeffer, geriebener Zitronenschale (¼Zitrone) und mit einem Kochlöffel zu einer festen Masse verarbeiten.

3. Jetzt werden die Knödel in gewünschte Größe geformt, am besten sehen sie aus, wenn man dazu einen Esslöffel nimmt und den Knödeln damit eine Eierform gibt. Die Knödel in kochendem Salzwasser 15 Min. garen.

4. Servieren in einer heißen Rindsbrühe mit Schnittlauchstreifchen.

Zur zweiten Möglichkeit:
Ohne Fleischwolf muss man alle Zutaten klein hacken, die Leber schaben und nicht vergessen, die harten Brötchen in Scheiben schneiden und in heißer Milch aufweichen.

Rucola Suppe

für 4 Personen

Spruch zum Tage:

„Lasst uns schon mal anfangen, uns zu freuen - einen Grund finden wir immer noch!"

Zutaten:

1 Zwiebel
etwas Butter
gut 150 g Rucola
750 ml Gemüsebrühe
200 g Frischkäse mit Kräutern
200 g Frischkäse neutral
50 g Salami

Zubereitung:

Zwiebeln, fein in Würfel schneiden und in Butter glasig dünsten, einen guten Schuss Gemüsebrühe zugeben, gewaschenen Rucola zugeben (ein paar Blätter zurückbehalten) und kurz dünsten. Die Hälfte der Gemüsebrühe aufgießen und ca. 4 Min. köcheln lassen, Topf von der Herdplatte nehmen und den Inhalt pürrieren, restliche Gemüsebrühe auffüllen und den Käse bei niedriger Hitze darin schmelzen lassen. Salami in ca. 0,5 cm breite Streifen schneiden, in einer Pfanne rösten. Suppe in Teller/Tassen füllen, Salamistreifen und fein geschnittene Rucolablätter darüber geben. - (Für Kalorienbewusste: schmeckt genauso gut mit fettreduziertem Frischkäse und „magerer" Puten-/Rindersalami)

Suppen und Suppeneinlagen
- Original -

Französische Zwiebelsuppe
Es werden ungefähr 4 große Zwiebeln und ¼ Pfund Abschnitte von magerem rohem Schinken fein geschnitten (dünne Streifen), in ca. 100 g Butter schwitzen, dünsten. Dazu ca. 2 El Mehl in die Schwitze geben, mit einem ½ Pfund Quark und Bouillon auffüllt und langsam eine ½ Stunde kochen. Nun durch ein Sieb streichen und die Suppe mit ein paar Eiern abziehen (unterziehen mit dem Schneebesen). Mit weißem Pfeffer würzen und mit Parmesan-Croutons anrichten.

Parmesan-Croutons
Von französischem Weißbrot, nicht älter als 1 Tag, die Rinde abschneiden oder abreiben. Fingerdicke, runde Scheiben schneiden, in zerlassene gute Butter tauchen, mit dick geriebenem und mit Eigelb angemachtem Parmesankäse-bestreuen. Die Croutons kurz in dem Salamander oder im Backofen (Grill oder in der Eierpfanne) rösten.
Dasselbe mit Croutons für süße Suppen: Anstatt mit Parmesan werden die Weißbrotscheiben nach dem Eintauchen in Butter, dick mit Zucker oder Zimt bestreut und gerösten.

Griesklöße
Man legt 6 Eier in warmes Wasser, so lange bis sie einigermaßen durchwärmt sind, ohne dass sie anfangen fest zu werden (keine gekochten Eier). Unterdessen rührt man ½ Pfund gute Butter sahnig, gibt nach und nach bei weiterem Rühren die Eier hinzu, dann verrührt man die Masse mit einem Pfund feinem Grieß und würzt mit Salz ab. Die Klößchen walnussgroß formen (am Besten mit einem Esslöffel) und in siedendheißer Bouillon eine Stunde gar ziehen lassen.

„Ein froher Gast fällt nie zur Last"

Nein, das sind nicht die „Limburger Domsingknaben", auch kein Kreuzzug ...!

Das ist unsere starke „*Batzewert-Familie*"

Ob zünftiger Frühschoppen, herzhafter Mittagstisch, fröhliche Mottoabende, kochen am Gast außer Haus, Erfrischen und Zufriedenstellen des Wanderers, Bikerfreunde und des Limburg-Besuchers im Biergarten.
(Der Batzewert ist 7 Tage die Woche geöffnet von morgens 9.00 h- 1.00 h in der früh.) Ganztägig durchgehend geöffnete Küche.

Untere Reihe von links:
Petra verantwortlich für (geschickt, erfolgreich und zur Zufriedenheit aller) Diensteinteilungen ihrer Kollegen und Kolleginnen, bekannt und beliebt nicht nur am Erdnussabend und die bessere Hälfte von Klaus (Ehefrau). Hält sich mit Schokolade und Kuchen (was man ihr nicht ansieht) fit.
Corina treue verlässliche Seele von Anfang an dabei, begabte und ideenreiche Umsetzerin der Mottoabende. Experimentiert gerne, hat tolle Ideen die kein oder wenig Geld kosten und mixt Cocktails aus dem FF.
Hilde der Taxi-Schreck beliebt und immer gut drauf, die Garantin für zufriedene Tages-Gäste.
Hartmut immer unzufrieden mit Geleistetem. Er setzt alles daran, dass sich Limburgbesucher, die sich zufällig in unser Haus verirren *„immer"* an das *Gasthaus Batzewert in Limburg, auf dem Kornmarkt* positiv erinnern werden. Koordinator zwischen Küche, Service und Gast. Bemüht sich um eine glückliche Familie ohne dass er ausziehen muß. Küchen- und Speisenexperimenteur.
Christina (Ehefrau von Günter), guter Geist ums Haus herum und große Stütze Ihres Mannes.

2. Reihe von links:
Stefani, Geschäftspartnerin von Klaus und Mitinhaberin, sowie die Ehefrau von Hartmut, erschreckt manchmal durch ihre immer positive Art und Einstellung, verantwortlich für administrative Arbeiten im Batzewert, sowie Umsetzung in Wort, Schrift und Bild der Verkaufsförderung sowie auch Dienst am Gast. Ist unterschiedlich vor Ort damit sich keiner daran gewöhnen kann. Nebenbei macht sie noch die Schularbeiten ihrer drei Kinder.
Christiane, locker, durchsetzend, begeistert nicht nur ihren Mann, ist besonders beliebt wegen ihrem schnellen Service. Powerfrau!

Mathias ist die neue Lösung für: „Wie bekommen wir auch genügend weibliche Gäste ins Gasthaus zum Batzewert. Beliebt bei Kollegen und Kolleginnen wegen seiner ruhigen Art, kommt auch beim Partyservice zum Einsatz.

Obere Reihe von links:
Klaus geht mit Stefani als Geschäftspartner und Mitinhaber durch schlechte und gute Zeiten, bleibt seinen Grundsätzen treu, die da wären: „Im Dienst gibt's keinen Alkohol“ „die Jeans steht mir am Besten", verantwortlich für den Einkauf. Wir schätzen sein handwerkliches Geschick und er vertreibt im Tagesgeschäft mit seinem Humor und witzigen Aussprachen den Kummer der Gäste. Ist auf dem Kornmarkt ein gern gesehener Erzähler und Zuhörer.

Mona macht Cocktails und hört gern zu. Ist ein Nachtmensch und dabei immer gleichbleibend freundlich. Sie legt ihre Lebensqualität „Essen und Trinken" doch nicht ab. Sie kommt mit den internationalen Gästen bestens aus, da sie fast alle Ihre Sprachen beherrscht (italienisch, engl., franz. usw.).

Galina, setzt in der Küche das um was der Gast verlangt, gutbürgerlich, lecker, hausfrauenart und einen Tatsch Lucullus. Die Oma aus dem Westerwald und aus Lünburg könnte nicht besser kochen. Leider fehlen hier auf dem Bild Ihre zwei Kolleginnen, Olga und Michaela, die besser kochen können als sich fotografieren lassen.

Günther: Berühmt, bekannt! Im Umkreis von 300 km wird er gerühmt wegen seiner Bratwurst, beliebt weil er immer freundlich ist. Mittlerweilen ein Original auf dem Kornmarkt. Selbst unsere Mitmenschen aus den neuen Bundesländern hat er schon überzeugt: „Meine Thüringer sind die BESTEN".

Salate

Sommerlicher Hähnchensalat

für 4 Personen

Zutaten:

2 Hähnchenbrustfilets, ohne Haut
4 El. Olivenöl
2 Tl Essig
½ Bund Schnittlauch
1 Salatgurke
1 El Zitronensaft
Salz und Pfeffer
½ Bund Dill

Zubereitung:

Das Hähnchenfleisch in kleine Stücke schneiden. In der Pfanne oder auch mal im Wok 1 El Öl und 1 Tl Essig erhitzen und das Fleisch etwa 5 Minuten darin anbraten bis es gar ist. Schnittlauch waschen, trocken tupfen und in feine Röllchen schneiden. Die Salatgurke schälen und in 2,5 cm lange Stifte schneiden. Beides in einer Servierschüssel mischen.

Für das Dressing den Zitronensaft und den restlichen Essig verrühren. Mit Salz und Pfeffer würzen und das verbliebene Olivenöl unterschlagen.

Das Hähnchenfleisch zur Gurke und Schnittlauch geben, Dressing darüber gießen und die Zutaten gut mischen.

Zum Garnieren etwas fein gehackten Dill über den Salat streuen.

Den Salat kann man warm oder kalt mit gekochten Kartoffeln servieren.

Else´s Nudelsalat

für 4 Personen

Zutaten:

100 g Mayonnaise
200 ml Schlagsahne
Salz, Pfeffer
Essig
250 g Fleischwurst mit Knoblauch
1 kleine Dose Ananasstücke
1 kl. Dose Mandarinen (alles ohne Saft)
2 Gewürzgurken
2 Tomaten
2 hartgekochte Eier
250 g Spaghetti

Zubereitung:

Die Mayonnaise mit der Sahne, Salz, Pfeffer und Essig verrühren. Die Fleischwurst und die Gurken würfeln und zusammen mit den Mandarinen und den Ananasstücken vermengen, vorsichtig die in Scheiben geschnittenen Tomaten und die geachtelten Eier unterheben. Alles mit den gekochten und kalten Nudeln vorsichtig mit einem Holzlöffel verrühren. (Tipp: In das Nudelkochwasser einen Schuss Öl geben, damit sie nicht zusammenkleben.)

„Ein Stück Schwarzbrot und ein Krug Wasser stillen den Hunger eines jeden Menschen, aber die Batzewert-Kultur hat die Gastronomie geschaffen."

von Honore de Balzac und Hartmut

Salattorte

für 12 Personen

Zutaten:

1 Kopfsalat
1 Salatgurke
4-5 Tomaten
2 Stangen Porree
4 Eier (hart gekocht)
250g Kochschinken (klein geschnitten)
1 Rettich (geraspelt) oder 1 Glas Sellerie
1 Bund Radieschen
200g geriebener Käse

Zubereitung:

Tortenring auf eine Platte geben und die Zutaten der Reihe nach einschichten. Jede Schicht nach dem Auflegen fest andrücken. Zum Schluss den Käse darüberstreuen und über Nacht kalt stellen.

Dressing:
3 Becher Sahne
2 Becher saure Sahne
Salz, Peffer, Senf, Zucker, Essig,
Salatkräuter (Petersilie, Schnittlauch, Dill)

Petra Ibel

Kartoffelsalat

für 4 Personen

für den lieben
Doktor Markus Wegmann
von
Minna Schlosser
aufgeschrieben am 26.6.1995

Zutaten/Zubereitung:

500 g Pellkartoffeln kochen, pellen und in Scheiben schneiden
3 Esslöffel Öl im Topf erhitzen,
1 Stück in kleine Würfel geschnitten Speck glasig und anbraten,
1 dicke Zwiebel würfeln zu dem Speck geben und andünsten,
1 Esslöffel Mehl dazugeben, verrühren und mit ½ Liter fetter Brühe ablöschen.
1 Esslöffel Essig, Pfeffer und wenig Salz, nach Geschmack dazu geben und ca. ¼ Stunde bei kleiner Hitze köcheln lassen, über die kalten, in Scheiben geschnittenen Pellkartoffeln schütten, vorsichtig umrühren, und etwas ziehen lassen.

En große Worschtsalaad un Brot

„Hessische Art" mit viel Batzewert Gefühl
für 2 Personen

Zutaten:

250 g Fleischwurst
3 - 4 Essiggurken (Gewürzgurken)
1 Metzgerzwiebel (dick)
frische Petersilie

Zubereitung:

Fleischwurst erst in dünne Scheiben schneiden und dann in Streifen (Streichholz dick), dasselbe mit der Zwiebel und den Gurken, gehackte Petersilie dazugeben, 1 Teil Öl und 2 Teile Weinessig, Pfeffer und Salz, 1 Tag ziehen lassen - fertig.
Wurstsalat „Schweizer Art" verfeinern mit dünnen Käsestreifen (Emmentaler).

Deftiges und Hessisches

Für kalte Wintertage

Karotten-Kartoffel-Durcheinander mit Salzfleisch

für 4 Personen

Zutaten:

2 Zwiebeln
50 g Schmalz
2 Lorbeerblätter
2 Nelken
1,5 kg Karotten
2 kg Kartoffeln
600 g Salzfleisch
(oder gepökelter Bauch)

Der Wunsch kann durch nichts mehr verlieren als dadurch, dass er in Erfüllung geht.
Peter Bamm

Zubereitung:

Salzfleisch gut bedeckt in einen Topf mit heißem Wasser geben, dazu eine ½ Zwiebel, gespickt mit den Lorbeerblättern und Nelken. Das Fleisch gar ziehen und den Fond erkalten lassen. Herausnehmen und in Streichholzdosen dicke und große Stücke schneiden.
Karotten, Kartoffeln und Zwiebel in Würfel schneiden, Schmalz im Topf auslaufen lassen und Zwiebeln glasig schwitzen. Karotten reingeben und mit Brühe auffüllen, evtl. ein paar Schwarten dazu geben. Karotten bissfest kochen, dann die Kartoffeln dazugeben, mit Pfeffer, Salz, evtl. Muskat und etwas Majoran, je nach Geschmack, würzen. Mit dem Holzlöffel durchmengen, die gekochten Salzfleischstückchen unterheben.
Beim Servieren mit frischer gehackter Petersilie bestreuen.

Grünkohl mit Pinkel oder ohne

für 4 Personen nimmt man:

Zutaten

1 ½ kg Grünkohl
Salz
2 El Butter
Mehl
Fleischbrühe
2 Zwiebeln
weißer Pfeffer aus der Mühle

Zubereitung:

Die ganz dicken Stengel beim Grünkohl entfernen und waschen. Der Grünkohl wird in Salzwasser weichgekocht, durch ein Sieb abgegossen und anschließend durch den Fleischwolf (grobe Scheibe) gedreht. Dann eine Mehlschwitze in einem Topf ansetzen, Butter auslaufen lassen, Mehl hinzugeben, zu einer Masse verrühren und mit der kalten Gemüsebrühe oder kalten Fleischbrühe auffüllen. Aufkochen lassen und mit Pfeffer, Salz und einer Prise Muskat abwürzen. Den Grünkohl hineingeben und mit dem Holzlöffel langsam umrühren. Pro Person eine grobe geräucherte Mettwurst darin heiß legen.
Schmeckt auch mit gekochtem Bauch oder Kasseler.

„Limburger Säcker“

für 2 Personen

Zutaten:

2 Schweinekoteletts ohne Knochen
4 El Sauerkraut
2 Scheiben Dörrfleisch
Senf, Pfeffer, Salz
1 Eigelb
2 Essiggurken
Mehl zum Mehlieren

Zubereitung:

2 Koteletts ohne Knochen salzen, an der Seite aufschneiden (Tasche), pfeffern und mit Senf einstreichen, mit je 2 Esslöffel Sauerkraut füllen, 2 Scheiben Dörrfleisch in Würfel schneiden und anbraten, 2 Essiggurken in lange Streifen schneiden und alles in die Fleischtasche geben, mit Holzstäbchen (Zahnstocher) zustecken, die Koteletts mehlieren, in gerührtem Eigelb wenden und braten.

Von einer Limburgerin aus dem Urlaub mitgebracht:

Anatolische Weißkohlauflauf

für 4 Personen

Zutaten:

ca. 750 g Weißkohl
60 g Butter
Salz, Pfeffer, scharfes Paprikapulver
200 ml Fleischbrühe
400 g Rinderhack
3 Zwiebeln
4 El Tomatenmark
200 g Schafskäse
3 Eier
200 ml Milch

Mindestens drei Kinne raufen ständig um einen Platz auf seinem Kragen.

Zubereitung:

Den Kohl von den äußeren Blättern und dem Strunk befreien, vierteln und in feine Streifen schneiden. Die Hälfte der Butter erhitzen und die Streifen unter Rühren darin anbraten. Mit Salz, Pfeffer und Paprika würzen. Knapp die Hälfte der Brühe angießen und zugedeckt 20 Minuten schmoren.

Zwiebeln schälen, fein würfeln und mit der restlichen Butter anbraten. Hackfleisch dazugeben und ca. 10 Min. braten. Den Backofen auf 175 Grad vorheizen. Eine Auflaufform mit Butter ausfetten. Die restliche Brühe mit Tomatenmark verrühren.

Den Kohl und danach das Hackfleisch in die Form geben, Fleischbrühe darüber gießen und den grob gebröckelten Schafskäse darauf verteilen. Eier mit Milch verquirlen, salzen, pfeffern und über den Auflauf gießen. 30 Minuten backen.

Mit Salat und Weißbrot servieren.

Mona

Die Pfanne für Spätheimkehrer

Nicht verwechseln, wir meinen die Spätheimkehrer, die aus dem Batzewert „spät-heim-kehren".
für 4 Personen

Zutaten:

12 Eier
150 g durchwachsenen Speck
je 200 g Blut- und Leberwurst
Salz, Pfeffer
etwas Milch

Zubereitung

Eier mit einem Schuss Milch zusammen aufschlagen, durchwachsenen Speck anbraten und aus der Pfanne nehmen. Die Eiermasse in die heiße Pfanne geben, rühren und anbacken. Leberwurst und Blutwurst sowie den Speck auf die Eier legen und Deckel drauf, 5 Minuten stocken lassen.

Himmel und Erde

für 4 Personen

Zutaten:

1 kg Kartoffeln
300 g säuerliche Äpfel
¼ l (halb und halb) Milch und Wasser
je 300 g Hausmacher Blut- und Leberwurst
1 dicke Zwiebel (in Ringe geschnitten)

Zubereitung:

Kartoffel und Äpfel mit wenig Wasser und eine Prise Salz weich kochen. Flüssigkeit abgießen. Dann erhitzte Milch und Wasser zufügen und zu Brei stampfen und mit Salz, Pfeffer und evtl. Muskat würzen.
In einer Pfanne die Zwiebelringe glasig dünsten, dann die Hausmacher Leber- und Blutwurst dazugeben und alles zusammen anbraten und über den warmgestellten Kartoffel/Apfelbrei verteilen. Sofort servieren.

Es gibt Menschen, denen man es sogleich an den Augen ansieht, dass sie Scherz und Lachen für die Würze des Lebens halten, und dies sind in der Regel die Besseren.

K. J. Weber

Batzewerts Handkäs´ mit Musik

Wichtig ist es, den Handkäse im heimischen Raum zu kaufen; er darf auch noch etwas fest sein.

Pro Person 2 Scheiben
als Zwischenmahlzeit
oder kleines Abendessen

Zubereitung:

6 Scheiben Handkäse gut bedeckt mit ¾ Öl, ¼ Essig, 1 Teelöffel Kümmelkörnern, 1 kleingehackten Zwiebel, Pfeffer und Salz und evtl. nach Geschmack Marktkräutern einlegen.
Schon nach zwei Tagen ist der Handkäse weich, „dorsch und dorsch" wie man hier bei uns sagt. Er sollte mit kräftigem Brot und Butter verzehrt werden.
Dazu passt 1 Bembelsche Äppelwoi. Guten Appetit!

Arme Leute-Essen wurde zur Spezialität:

Mit diesem Gericht füllte ich mein Taschengeld in meiner Lehrzeit als Metzger auf. Kein Nachbar verzichtete auf Hartmuts „Pannas“!

Zutaten:

300 g Leberwurst
300 g Blutwurst
50 g fetter Speck in feine Würfel geschnitten
2 l Wurstsuppe
Buchweizenmehl

Zubereitung:

In der kochenden Wurstsuppe lässt man die Leber-, Blutwurst und den Speck aufkochen (Rühren nicht vergessen), großen Topf nehmen, es könnte spritzen, nun mit Salz und Pfeffer würzen, mit Buchweizenmehl unter ständigem Rühren eindicken, dann schnell in eine rechteckige, flache Schüssel füllen und erkalten lassen. Anschließend in Scheiben schneiden und von beiden Seiten anbraten.

Auf Vollkornbrot, evtl. mit Zuckerrübenkraut bestreichen

Eine Frau zu ihrem Mann an der Theke:

Wenn Du mich wirklich geliebt hättest, hättest Du eine andere geheiratet.

Schmandhering „Hausfrauen-Art“

für 4 Personen

Zutaten:

8 Salzhering-Filets
1 Karotte
etwas Lauch, Petersilie
1 Zwiebel
2 mittelgroße saure Äpfel
4 Gewürzgurken
1 Becher Schmand
3 El Mayonnaise
400 g Pellkartoffeln

Zubereitung:

Salzheringe wässern und in saure Gurkenbrühe einlegen, dazu die klein geschnittene Karotte, etwas Lauch und Petersilie geben, 1 Tag durchziehen lassen.
Zwiebel, Äpfel und Gurken klein schneiden und mit Schmand vermengen, vielleicht noch etwas Mayonnaise nach Geschmack hinzugeben. Die Heringfilets in die Sauce legen. Nachdem die Heringe gut durchgezogen sind (2 - 3 Stunden) mit heißen Pellkartöffelchen servieren.

Frankfurter Grie Soß un Quellkadöffelscher

Was haben Goethe und unser Klaus gemeinsam? - Beide haben das gleiche Leibgericht! Nur der Klaus kann es heute auch noch zubereiten:

Schon zu Goethes Zeiten wusste man, es kommen 7 Kräuter hinein, je nach Jahreszeit: Petersilie Kerbel, Sauerampfer, Pimpernelle, Schnittlauch, Borretsch, Kresse.
(für 2 Personen)

Zutaten:

7 Kräuter - 200 g (siehe oben)
2 gekochte Eier (vorher die Schale abmachen)
1 Gewürzgurke
1 geschälte Zwiebel
1 Knoblauchzehe
2 El mittelscharfer Senf
100 g Mayonnaisse
Salz, Pfeffer
Saft und geriebene Schale einer ½ Zitrone

Zubereitung:

Alles mit den Kräutern klein und fein hacken, geriebene Knoblauchzehe, mittelscharfen Senf, Pfeffer, Salz, Saft und geriebene Zitronenschale, Mayonnaise dazugeben und alles mischen (Mayonnaise kann man selbst aus Eigelb und Öl herastellen oder aber fertig kaufen). „Kartöffelchen könnt Ihr ja auch kochen".

Anrichten mit 3 halben Eiern und den Kartöffelchen, (siehe Klaus) oder aber mit gekochtem Rindfleisch servieren. Entgegen vieler Meinungen von Gästen aus dem Norden Deutschlands:
Frankfurter Grie Soß wird „kalt" serviert, die Kartöffelchen heiß, die halben Eier kalt und eventuell gekochtes Rindfleisch kalt oder warm.

Ein Lob auf den hessischen Urgeschmack

oder wie „dufte“ man sich als „Nicht-Hesse“ blamieren kann!

Ach je, - schon 8 Uhr durch. Jetzt beeilen, denn nach 9 Uhr gibt's beim Bäcker nichts mehr gescheites und der Hauptakteur des Tages will auch noch geholt sein. Doch darüber später.

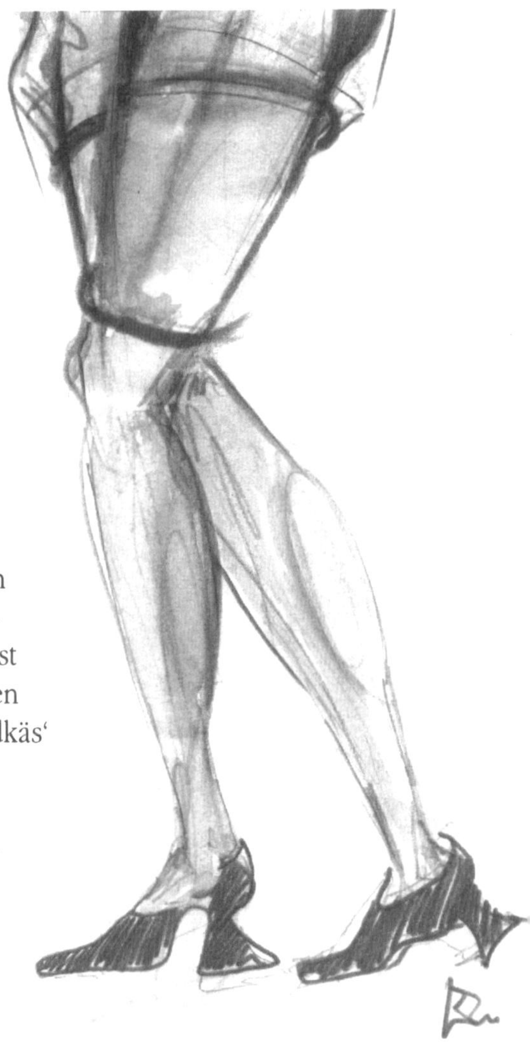

Frisch gebackenes Bauernbrot muss es sein, denn allein das frischeste Brot vom Morgen hält bis zum Abend seinen Geschmack. Hände weg vom Weißbrot, Vollkornbrot oder ähnliches ist eh tabu!

Jetzt wird es ernst. Die Morgensonne steht schon recht hoch und es herrschen – bei ausgeschalteter Klimaanlage – lokker 40 Grad im Wageninnern. Und das ist das Milieu, in dem sich unser Star für den Abend duftig ausbreiten kann: der Handkäs‘ – natürlich mit Musik!

Also, Auto auf den Parkplatz, alle Scheiben luftdicht verschlossen. Die Käseabteilung im Visier. Drei Scheiben für mich, drei für meinen Besuch, gut verpackt, damit's keine Fettflecken auf dem Polster gibt. Ach ja, Kümmel, Zwiebeln Essig und Öl nicht vergessen, Pfeffer und Salz sind sowieso schon zu Hause und ein paar Flaschen Wein, natürlich dazu passend Rotwein, mitnehmen.

Schnell nach Hause. Toskanafreaks schwören natürlich – wie bei allem – auf Balsamessig und natives Olivenöl aus Apulien. Hartgesottene haben aus der Not heraus auch schon andere Öle durchprobiert – unparfümiertes Massageöl bis hin zum Sonnenöl.

Kein Hollywood-Schmachtstreifen kann's mit meinen Tränen aufnehmen. Zweimal durch wasserfall- und rotwein-getrübte Augen die Schnittfläche der Zwiebel verpasst. Blut fließt in Strömen. Ist der Handkäs' mit Musik etwa vom Notarzt kreiert?

Endlich ist die Musik angerichtet und wird mit Rotwein verfeinert. Hab' ich im Haute-Cuisine-Kochbuch gelesen. Vorab aber mit einem Glas Wein gegen den Blutverlust. Jetzt muss der Handkäs' aus seiner vollklimatisierten 50-Grad-Zone rein in Küche und Musik. Deckel über'n Topf und ab in den Keller! Auf jeden Fall fernhalten von Kleidung und Pflanzen.

Endlich ist der Abend da. Glutrot geht die Sonne unter. Die letzten Vögel zwitschern – Grillen sind noch mitten im Konzert. Meine Gäste kommen – Rotwein wird dekantiert. Die ersten misstrauischen Blicke! Nur – warum? Eilig werden Brote geschmiert, wie ein Superstar wird die Handkäs'-Terrine serviert. Der Deckel wird gelüftet, alle blicken auf ein unbeschreiblich Ekliges in einer blutroten Lache. Und dazu noch Rotwein – die Frage kommt hochgeschwappt – noch nie was von Ebbelwei gehört?

Maledetta formaggio di nano con musica – Glück gehabt! Beim Batzewert war noch ein Tisch frei. War gar nicht so einfach! Und der Handkäs' mit Musik hat klasse geschmeckt. So wie er in Hessen schmecken soll.

Fleisch und Geflügel

Brust oder Keule?

Louis de Funès war es nicht, der den Batzewert einst testete. Aber einer aus der gleichen Zunft, der „Undercovered Agent", die vorschriftmäßig so unauffällig getarnt die Fresstempel betreten, dass jedem Gastronom und seiner Küchentruppe die Alarmsirenen in den Ohren schrillen und das eigene Wort nicht mehr verstehen lassen.

Und so einer erschien zu dieser unchristlichen Zeit, kurz nach 9.00 Uhr morgens, im Batzewert. Unauffällig mit Anzug, Krawatte und FAZ unterm Arm, das Interieur mit kritischen Blicken musternd und – wie es sich natürlich für eine Gourmet-Persönlichkeit gehört, den Tisch mit Podest und Balustrade wählend. Speisekarte? Normalerweise kennt er nur Formate, die mit jedem Ein-Mann-Zelt locker konkurrieren könnten. Also Speiseblatt. Angestrengte Gesichter hinter dem Tresen versuchen entspannt zu wirken.

9.15 Uhr. Was meldet der verwöhnte Gaumen ans Stammhirn? Hausgebeizter Youkon-Lachs, abgeschmeckt mit feinem Estragon, garniert mit Oleander, dazu ein Häubchen Vinaigrette mit Kräutern aus dem Pfarrgarten von Vinoncella? Dazu ein Butterflöckchen köstlicher westirischer Landbutter mit 45 % Fettanteil auf selbstgebackenen Weißbrotstreifen aus Aix-en-Provence.

Von wegen! Ein Batzewert-Frühstück will er. Mit oder ohne Marmelade? Ohne, aber dafür etwas mehr Käse. Und den Käse nicht auf der Wurst liegend. Und die Butter nicht so hart. Dazu ein weichgekochtes Ei – nicht schlabbrig. Für eine Bewertung im Michelin oder Gault Millot wird's sicher nicht reichen. Denn Anspruch ist nicht gleich Anspruch. Aber die Dekoration der Speisen stimmt und es hat ihm geschmeckt. Wieso? Ganz einfach – der Teller ist leer.

Auf Wiedersehen, Herr Tester, bis zum nächsten Mal. Dann haben wir auch Lachs, versprochen. Aber nicht vom Youkon, sondern von Feinkost-Äll-dei. Schmeckt auch super!

Geflügelpastetchen

Zutaten:

1 Suppenhuhn -küchenfertig-
25 g Salz
Wasser
50 g Butter
30 g Mehl
2 Eigelb
3 El sauren Rahm -Sahne-
1 El Weißwein
Salz
Pfeffer
Muskat
Champignons

Zubereitung:

Das Huhn in kochendes Salzwasser geben und bei schwacher Hitze garkochen. In der Brühe auskühlen und auf einem Sieb abtropfen lassen. Die Haut abziehen, das Fleisch ablösen in dicke Würfel schneiden. Mehl in der Butter hellgelb schwitzen und mit ½ l Hühnerbrühe ablöschen, 5 Minuten köcheln lassen, von der Feuerstelle nehmen. Eigelb mit der Sahne verrühren und die Sauce damit legieren. Mit Wein, Salz, Pfeffer und den Gewürzen abschmecken. Nach Belieben kleingeschnittene Champignon hinzufügen.

In der Ehe gibt es zwei Möglichkeiten:
Entweder man hat ein trautes Heim
oder man traut sich nicht heim.

Hartmuts Vorzeigegericht - oft kopiert und nie erreicht!

Ente - außen knusprig - innen zart

für 2 Personen

Zutaten:

1 Ente
4 El dunkle Sojasauce
75 ml trockener Sherry
1 Tl frisch geriebener Ingwer
1 Tl Salz
2 El Honig

Zubereitung:

Die Ente waschen, trocken tupfen und danach 5 Sekunden in kochendem Wasser blanchieren und am Besten über Nacht zum Trocknen aufhängen!
Honig mit Sojasauce, Salz, Sherry und Ingwer verrühren, die Ente von innen und außen mit dieser Sauce einreiben und ein paar Stunden einziehen lassen.
Backofen auf 180 Grad vorheizen. Die Ente mit der Brust nach oben auf einem Rost in mittlerer Höhe plazieren. Pfanne mit etwas heißem Wasser darunter stellen. Garzeit der Ente 90 - 110 Minuten. Nach halber Garzeit den Backofen auf 160 Grad reduzieren; die Ente wenden, damit alle Seiten knusprig werden. Die Ente ist gar, wenn man mit der Gabel hineinpiekst und an der Einstichstelle kein blutiger Saft mehr heraustritt.

Martins-Gans -

Luisas Weihnachtsvorfreude-Essen

für 4 - 6 Personen

Zutaten:

1 Gans (4 - 5 kg)
4 Äpfel
2 Zwiebeln
Beifuß

Das Schönste an den meisten Männern ist die Frau an ihrer Seite.
Henry Kissinger

Zubereitung:

Füllung für die Äpfel (Ofenäpfel oder Schmoräpfel):
Eine Handvoll grobes Paniermehl in Butter anbraten, Rosinen (2 Tage vorher in Rum einlegen) in dem Rum aufkochen,
¼ geriebene Zitronenschale und Waldhonig dazu,
kochfertigen Mohn in Milch aufkochen, dann alles zusammen zu einer Masse rühren, rohes Marzipan dazugeben und alles zu einem Füllsel verrühren.
Äpfel ausstechen und mit der Masse füllen.

Die Gans waschen und abtupfen, mit Salz, Pfeffer sowie Beifuß von innen würzen.
Mit den geschnittenen Zwiebeln füllen.

Wir machen kein Füllsel für die Gans, nehmen auch kein Majoran, damit die Gans ihren Eigengeschmack behält. Den Bräter für die Gans mit heißem Wasser ca. 3 cm über dem Boden füllen, die Gans mit der Brust nach unten reingeben und bei 180 Grad ca. 3 Stunden im Ofen knuspeln.
Nach 1 Stunde die Gans umdrehen, das Gänsefett (Schmalz) entfernen und Wasser wieder auffüllen, alle 30 Minuten mit dem Gänsefett die Gans begießen.
In der letzten ½ Stunde die gefüllten Äpfel mit in den Ofen schieben.

Luisa wünscht
„Guten Appetit“

Rinderfilet „Stroganoff" mit Rösti

für 4 Personen

Zutaten:

600 g Filetspitzen, ohne Fett und Sehnen
100 g Butter
2 dl saure Sahne
1 Zitrone
150 g frische Champignonscheiben
150 g Essiggurken in dünne Streifen geschnitten
evtl. noch 2 dl Creme fraiche

Zubereitung:

Das Filet der Länge nach in Streifen und diese quer der Faser in dünne Blättchen schneiden. In einer großen Pfanne Butter heiß werden lassen und das Fleisch bei stärkster Hitze darin sautieren (schwenken), so dass es innen noch blutig ist. Auf ein Sieb legen und den Fleischsaft auffangen. In der Pfanne neue Butter erhitzen, die Gurkenstreifen mit den Champignonscheiben, der saure Sahne, (evtl. noch Creme fraiche) und den aufgefangenen Fleischsaft dazugeben.

Schnell sämig einköcheln. Mit Pfeffer (evtl. Pfeffermühle), Salz und Zitronensaft abschmecken. 2 Messerspitzen Dijonsenfcreme wären eine herzhafte Ergänzung. Die Soße vom Ofen nehmen und die Filetstücke hinein geben. Alles durchschwenken, mit frischer gehackter Petersilie bestreuen und servieren.

Rösti

Die Kartoffeln nicht zu weich in der Schale kochen, pellen und in dünne Scheiben schneiden. Die Kartoffelscheiben mit Salz und Pfeffer, evtl. etwas Muskat würzen und in einer Pfanne mit heißer Butter braten, dabei mehrfach durchschwenken. Wenn sich am Boden eine braune Kruste gebildet hat, wenden um auch die andere Seite wie einen Eierkuchen zu backen. Auf eine runde Platte oder einen großen Teller stürzen und zum Stroganoff reichen.

Schmeckt auch zu Geschnetzeltem Zürcher-Art.

Rindsrouladen „Batzewert-Art“

für 6 Personen

Zutaten:

6 dünne Scheiben (je ca. 125 g) aus der Oberschale schneiden lassen
6 dicke Streifen fetten Speck
6 dicke Streifen rohen Schinken
50 g Schweineschmalz
2 Karotten
2 Zwiebeln in Scheiben schneiden
1 dl Weißwein
500 g Tomaten

„Nicht jede Frau, welche das Feuer anbläst, will kochen.“

Zubereitung:

500 g Tomaten abziehen (Tomaten einschneiden und in heißem Wasser kurz blanchieren und die Haut abziehen)
Die Fleischscheiben leicht klopfen, ausbreiten, ganz dünn mit Senf bestreichen, pfeffern und salzen, mit einem Streifen Speck und Schinken belegen, zusammenrollen und binden oder mit Holzstäbchen zusammenstecken. In heißem Schmalz rundherum schnell anbraten, damit sich die Poren schließen und der Fleischsaft erhalten bleibt. Die Zwiebel und Karottenscheiben mit anbraten. Dann das Fett aus dem Bräter abgießen, mit Weißwein wieder aufgießen, Tomaten beifügen und zugedeckt im Backofen langsam ca. 1½ Stunden gar schmoren.
Die Rouladen herausnehmen, den Bindfaden oder die Holzstäbchen entfernen, die Sauce durch ein Sieb passieren, mit Pfeffer und Salz abschmecken und über die angerichteten Rouladen gießen.
Dazu empfehlen wir Blaukraut und Dampfkartoffeln oder Kartoffelpüree und Salat.

Batzewerts Hackbraten

für 4 Personen

Zutaten:

1 kg Hackfleisch, (halb Rind, halb Schwein)
4 Eier
2 Zwiebeln
3 aufgeweichte, ein Tag alte Brötchen
Petersiliensträußchen

Zubereitung:

Das Hackfleisch, die feingeschnittenen Zwiebeln, die gehackte Petersilie und die aufgeweichten Brötchen sowie die rohen Eier zu einem Teig verarbeiten, würzen mit Pfeffer, Salz und einer Prise Muskat und noch einmal durcharbeiten. Zu einem länglichen Brot formen, evtl. noch mit Paniermehl bestäuben und den Hackbraten mit einem Messer obig mustern.
In einem vorgefetteten Bräter eine Stunde im Backofen bei 180 Grad backen.

„Blinder“ oder „falscher“ Hase

Zutaten:

250 g gehacktes Rindfleisch
250 g gehacktes Schweinefleisch
1 Zwiebel
7 g Salz
1 Tl Paprika
½ kleines Bund Petersilie
1 Milchbrötchen
(in Wasser eingeweicht)
1 Lorbeerblatt
1 Scheibe Sellerie
1 kleine Karotte
½ Tl Mehl
1 Tasse Fleischbrühe
1 Ei
Salz
Pfeffer
Semmelbrösel
Fett zum Backen
1 Becher sauren Rahm

Zubereitung:

Zwiebel schälen, würfeln und in einem Pfännchen glasig dünsten. Zusammen mit dem gehackten Fleisch, dem Salz, dem Ei, der gewaschenen und feingehackten Petersilie, dem eingeweichten und gut ausgedrückten Brötchen vermengen. Mit Pfeffer und dem Paprika würzen und nochmals gut mit den Händen vermischen. Fleischteig zu einem länglichen Brot formen. Öl in einem Bräter erhitzen und das Fleisch ringsum anbraten. In den heißen Ofen auf mittlere Schiene schieben und während der Garzeit nach und nach die heiße Fleischbrühe darübergießen. Zwischendurch den Braten immer wieder mit dem Bratfond beschöpfen.
Braten aus dem Bräter nehmen und auf einer vorgewärmten Platte warmhalten. Den Bratensaft loskochen, Mehl in etwas Wasser glattrühren und die Soße damit binden. Zum Schluss den Rahm dazugeben und nochmals gut abschmecken. Soße getrennt zum Braten servieren.
Backzeit etwa 45 Minuten
bei 200 - 225 Grad.

Has' im Topf - "Dippehas"

für 12 Personen

Zutaten:

1 küchenfertiger Hase
2 Möhren
400 g in dünnen Scheiben geschnittener durchwachsener Speck
3 gehäufte El geriebenes Schwarzbrot
1 Glas Rotwein
1 Glas Weißwein
1 Glas Essig
½ kg Schweinefleisch (Kammstück)
50 g Salz
1 Msp. Müskatblüte
Pfeffer
3 Zwiebeln
1 Msp. gemahlene Nelke
1 Lorbeerblatt

Spruch der Nacht:

„Wer sich mit genügend Humor wappnet, ist fast unverwundbar".

Zubereitung:

Den Hasen innen und außen waschen, abtrocknen und in ca. 8 Portionen zerlegen. Leber, Herz und Nieren fein hacken, das Schweinefleisch in „nussdicke" Stücke schneiden. Die Zwiebeln schälen, fein hacken und mit den gehackten Innereien und dem Schweinefleisch vermengen. Das geriebene Brot mit Salz, Pfeffer, Muskat und Nelken vermischen.
Einen großen Bratentopf mit den Speckscheiben auslegen, darauf die Hälfte der in dünne Scheiben geschnittenen Möhren, dann eine Lage Hasenfleisch, eine Lage Schweinefleisch und ein gehäufter El geriebenes Brot. Dann in der gleichen Reihenfolge nochmals Möhren, Hasenfleisch, Schweinefleisch und zuletzt mit den restlichen Speckscheiben das Fleisch abdecken.
Das Fleisch mit dem Wein und dem Essig begießen, eventuell noch etwas Fleischbrühe dazugeben. Den Topf mit einem Deckel fest verschließen und im vorgeheizten Backofen bei 200 Grad auf der mittleren Schiene 90-100 Minuten schmoren. Nach dem Garen das Fett etwas abschöpfen.

Paprika-Rahmschnitzel

für 4 Personen

Zutaten:

4 Putenschnitzel
1 Dose Ananas in Scheiben, leicht gezuckert
2 Becher Sahne
Paprika edelsüß
Salz

Zubereitung:

Die Schnitzel klopfen mit Salz und reichlich Paprika würzen und braten, aus der Pfanne nehmen und warm stellen. In die benutzte Pfanne die Sahne gießen und mit etwas Salz und Paprika würzen. Die Hälfte des Ananassafts in die Sahnesauce gießen, sämig einköcheln lassen, evtl. andicken. Auf jedes Schnitzel eine Scheibe Ananas legen und mit etwas Sauce übergießen. Dazu serviert man Reis und Salat.

Rossknechtschnitzel

für 4 Personen

Zutaten:

1 kg Schweinebach
ca. 600 g gekochte Kartoffeln
2 Zwiebeln
2 Lorbeerblätter
2 Nelken
etwas Petersilie
2 El Meerrettich
2 El. süßen Senf
Mehl, Eigelb und Semmelbrösel zum Panieren
ca. 400 g geschälte Schalotten
etwas Weißwein und Brühe

Zubereitung:

Schweinebauch mit einer mit Lorbeer und Nelken gespickten Zwiebel in ca. 2 l Brühe gar köcheln, kalt werden lassen. Pro Person zwei Scheiben abschneiden, mit Meerrettich und Senf bestreichen, mit Mehl, Eigelb und Bröseln panieren und in der Pfanne braten. Auf Bratkartoffeln anrichten, die in Weißwein und Brühe gegarten Schalotten rundherum legen.

Ofen-Krustenbraten

für 4 - 6 Personen

Zutaten:

2 kg Schweineknochen hacken lassen
1 kg Schweinenacken mit Schwarte
Salz, Pfeffer, Paprika
Senf
1 ungeschälte Zwiebel
300 g Karotten
Sellerie- und Petersilienwurzel
1 Nelke
1 Lorbeerblatt
1 Tomate

Man kann bei Tisch ruhig sagen was man denkt, vorausgesetzt, der andere ist der gleichen Meinung

Zubereitung:

Schweineknochen in einem Bräter im 180 Grad heißen Ofen etwa 20 Minuten anbraten (rösten). Das Nackenstück mit Salz und Pfeffer, Paprika und etwas geriebenem Knoblauch sowie ein wenig Senf einreiben und mit der Schwarte nach unten auf die Knochen legen. Ungeschälte Zwiebel, Karotten, Sellerie und Petersilienwurzel waschen, grob schneiden und mit der Nelke, dem Lorbeerblatt und der Tomate dazugeben, ca. 40 Minuten bei 180 Grad braten.
Das Fleisch herausnehmen und die Schwarte kreuzweise einschneiden, evtl. nach Geschmack mit Kümmel bestreuen und den Braten für ca. 1 ½ Stunden wieder in den Ofen schieben. Ab und zu Brühe zugießen - wir brauchen ca. 1 ½ l Brühe.
Schließlich das Fleisch herausnehmen und warm stellen. Die restliche Brühe in den Fond geben und 30 Minuten weiterkochen lassen. Dann alles durch ein Sieb passieren, mit Salz, Pfeffer und etwas Senf (mittelscharf) abschmecken. Das Fleisch in Scheiben schneiden.
Dazu schmeckt hervorragend „Minnas Kartoffelsalat"!

Kasseler im Brotteig

für 4 Personen

Zutaten:

2 Karotten
¼ Sellerieknolle
2 Lorbeerblätter
2 Nelken
3 Wacholderbeeren
2 l Wasser
1½ kg Kasseler am Stück, ohne Knochen
700 g Brotteig vom Bäcker

Zubereitung:

Gemüse mit Gewürzen im Wasser aufkochen lassen, das Kasseler reingeben und ca. 30 Minuten garen (nicht kochen), in der Brühe erkalten lassen. Den Brotteig ausrollen, das gut abgetupfte Kasseler in den Brotteig einschlagen, evtl. mit einem Besteckmesser ziselieren (mustern). Das Kasselerbrot in der Backröhre ca. 60 Min. bei 180 Grad backen. Warm aufschneiden und mit Gurken- und Kopfsalat anrichten. Dazu ein Frankfurter Römer Pils, anschließend eine Stunde mit Hartmut abnehmen!

Kornmarkt-Krüstchen

lecker, knusprig, herzhaft

Zutaten pro Person:

1 Scheibe Bauernbrot
1 Schweineschnitzel (100 g)
1 Ei
1 Eigelb
Pfeffer, Salz, Mehl
Paniermehl

Zubereitung:

Schnitzel mit Pfeffer und Salz würzen, in Mehl, Eigelb und grobem Paniermehl wälzen und in Butter goldbraun backen, auf das Brot legen und ein Spiegelei oben drauf. Mit gartenfrischen Salaten garnieren!

Pilzgerichte

Am Anfang war die Suche nach Nahrung

Unsere ersten Vorfahren führten mit wenig Schutz und Hilfsmitteln einen harten Kampf ums Überleben in einer rauen Umwelt. Die Beschaffung von Nahrung und Behausung war vorrangig vor allem Anderen. Alle Möglichkeiten zur Ernährung mussten genutzt werden. Nicht nur die lebensgefährliche und schwierige Jagd zur Fleischbeschaffung. Die alltägliche Grundversorgung stellten Wurzeln, Kräuter, Früchte und Samen dar. Durch Funde aus dieser grauen Vorzeit weiß man, dass Pilze damals bereits wuchsen und auf dem Speisezettel der damaligen Menschen standen. Alle Erfahrungen über Geschmack und Bekömmlichkeit der Nahrungsmittel mussten erst gemacht werden. Das Ausprobieren mag so manche böse Überraschung mit sich gebracht haben.
Unsere heutigen Pilzsammler haben es da wesentlich leichter. Sie können auf ein breites Angebot von Informationsmaterial zurückgreifen. Kenntnisloses Ausprobieren ist auch heute noch lebensgefährlich! Bücher können eine wertvolle Hilfe sein. Besser ist der Erfahrungsaustausch mit versierten Pilzkennern, noch besser der Gang zum Pilzberater, der heute den wohlklingenden Titel Sachverständiger der Deutschen Gesellschaft für Mykologie trägt und nachweislich eine Prüfung vor dieser Gesellschaft ablegen muss. Er sollte mindestens alle zwei Jahre sein Wissen in Fachseminaren überprüfen und zeitgemäß erweitern. Nur Wissen und Sachverstand können uns vor Gesundheitsschäden durch giftige oder ungenießbare Pilze schützen.

Übrigens: Wildpilze werden abgeschnitten, in einem luftigen Behältnis transportiert und möglichst schon am Fundort geputzt!

Nicht nur die gewonnene Mahlzeit bereitet Genuß und Freude beim Pilzsammeln in der Natur, allein der Aufenthalt und die Bewegung in Wald und Feld sind Labsal für Körper und Geist. Zumal man sich mit dem Umfeld der Pilze genau beschäftigen muß, um fündig zu werden. Bequeme, wettergerechte Kleidung, einen Korb und ein Messer, mehr braucht man nicht für diesen erholsamen Zeitvertreib. Allerdings finden sich aus vielerlei Gründen immer weniger Speisepilze in unseren Wäldern. Um ein gänzliches Verschwinden der Pilze in heimischer Flur zu verhindern, sind Pilzsammler angehalten nicht mehr als 500g Wildpilze pro sammelnder Person mitzunehmen. Mancherorts gibt es, aus gutem Grund noch strengere Sam-

melbeschränkungen. Bitte beachten Sie diese.
Das Handeln mit verschiedenen heimischen Wildpilzen, wie Steinpilzen und Pfifferlingen, ist in Deutschland verboten. Angebotene Frischpilze kommen fast immer aus dem Ausland. Sie werden bei der Einfuhr stichprobenartig auf Schadstoffbelastung kontrolliert. Immer noch ist das Sammeln von Wildpilzen mühsam und in Mengen nicht ökologisch. Pilze sind unendlich wichtig für ein gesundes Gleichgewicht in der Natur. Naturbeobachter und Forscher haben uns ganz andere Möglichkeiten erschlossen, die köstlichen Pilze ganzjährig auf unseren Tisch zu bekommen.

Mit freundlicher Genehmigung von Brunhilde Noll. Kleinweinbach.

Abgenommen habe ich ja nicht, seitdem ich Kalorien zähle, aber ich kann jetzt viel besser rechnen.

Schnelle Pfanne

1 mittelgroße Zwiebel	fein hacken und in
3 El Erdnussöl	andünsten
300 g Shiitake	putzen, würfeln, dazu geben
1 großer, saurer Apfel	nicht schälen, waschen, würfeln dazu geben
Eine Hand voll feiner Suppennudeln	darüber streuen, mit Curry würzen, mit
Apfelwein	aufgießen, leicht köcheln lassen, bis die Nudeln „al dente“ sind

Italienischer Pilzsalat

½ Ltr. Obst oder Weinessig	mit
1 Bund Kräuter der Provance	
1 Tl Salz und	
1 Prise Pfeffer	aufkochen
200 g Austernpilze,	
200 g braune Champignon,	
50 g Nameko	putzen, ganz oder in Stücken 10 min mitkochen

Pilze herausnehmen, abtropfen lassen, mit Olivenöl abschmecken und noch wenig fein gehackte Kräuter darüber streuen.
Oder die Pilze mit Öl und Gewürzen in Gläsern einlegen.
So sind sie im Kühlschrank 4 Wochen haltbar.

Pilzsuppe

400 g Nameko	putzen, in Butter gut anbraten
½ Stange Lauch	in feine Ringe schneiden, über die Pilze geben, ca. 2-4 Min. dünsten, mit
¾ l Gemüse- oder Fleischbrühe	auffüllen

eventuell mit Weißwein, Sahne oder mildem Schmelzkäse verfeinern

Ein junges Mädchen in der Pafümerie:
Ich möchte ein Mittel, dass die Insekten vertreibt und die Männer anlockt.

Steinpilz-Champignon mit Kräutermarinade

4 größere braune Champignon	putzen und längs in ca. 2-3 mm dicke Scheiben schneiden, optisch schön auf einen Teller legen, mit
1 El Obstessig u. 2 El nussigem Öl	vermischen, über die Pilzscheiben träufeln
1 kleiner Bund Schnittlauch	fein schneiden und darüber streuen. Ganz leicht mit
Pfeffer und Salz	würzen

Gefüllte Champignon

8 größere Champignonköpfe	säubern, den Stiel herausdrehen und fein hacken, mit
Mozarellawürfeln	und gehacktem
Basilikum oder Salbei	vermischen, Masse in die Pilzhüte füllen.

Die gefüllten Pilzhüte in eine Pfanne mit zerlassener Butter setzen und im Backofen bei 200 Grad ca. 10-15 Min. überbacken.

Champignon mit Krabben

400 g kleine weiße Champignon	putzen,
1 kleine Zwiebel	hacken, in
100 g Butter	glasig dünsten, die Pilze dazu geben, mit
Pfeffer und Salz	würzen, 5-10 Min . ganz hell braten,
mit	
1 El Mehl	bestäuben, unterheben
1 Dose Krabben	abspülen, dazu geben, mit
Weißwein	aufgießen, mit
1 Bund frischen gehackten Dill	abrunden

Panierte Austernpilze mit Dip

8-12 handgroße Austernpilze	*putzen*
1 Ei, 2 El Bier, Pfeffer und Salz	*verrühren, Pilzhüte darin wenden,*
Paniermehll	*in Paniermehl legen, andrücken,*
Bratfett	*kurz in heißem Bratfett ausbraten*

Dip:
Saure Sahne, Dijonsenf, Honig, Salz, Zitrone und Pfeffer

Aus einer Buchrezension:

Sollte der Autor wirklich einen Gedanken im Kopf gehabt haben, dann hält er ihn in Einzelhaft.

Wildpilzragout

100-200 g Trockenpilze	*wässern, oder*
300-400 g gemischte Frischpilze	*putzen*
1 kleine Zwiebel	*in*
ca. 100 g Butter	*gut anbraten, Pilze dazu geben (bei Trockenpilzen ohne Weichwasser) 5-10 Min. kräftig anbraten, mit*
Pfeffer und Salz	*zerstoßenen*
Wacholderbeeren	*würzen, mit*
1 El Mehl	*bestäuben, mit*
Rotwein	*aufgießen und mit*
2-3 El Preiselbeermarmelade	*abschmecken*

Spruch für den Monat:

„Der Mann von Welt muss Getränke mixen und seine Freundinnen auseinander halten können."

Pom Pom blanc mit Bananen

100 g Pom Pom blanc	säubern, mit der Stachelwuchsrichtung in ca. 2-3 mm dicke Scheiben schneiden, walnußgroße Stücke ganz lassen
100 g Butter	in der Pfanne erhitzen, die
Pilze	ganz leicht darin anbraten
1 Banane	schälen, in ca. ½ cm dicke Scheiben schneiden, zwischen die Pilze setzen und alles goldbraun braten, leicht mit
frisch gemahlenem Pfeffer	bestreuen.
	Ein Sahnehäupchen macht es besonders fein.
Beilage Weißbrot	

Schoko Champ's

500 g kleine braune Champignon	putzen, mit
süßem Kräuterlikör	beträufeln, ca. eine Stunde ziehen lassen, dabei häufig wenden
1 Pack Schoko Guß	erwärmen, die Champignon mit Zahnstocher anstechen und in den Guß tauchen gut gekühlt servieren

Aus Ofen und Pfanne

Original Hartmuts Westerwälder

Steintopf-Kartoffeln

für 2 Personen

Man (n) oder Frau kaufen im Batzewert zu Limburg 2 Steintöpfe und bereiten darin wie folgt zu:

Zutaten:

250 g in Scheiben geschnittene rohe Kartoffeln
70 g flüssige süße Sahne
15 g gekochten und gewürfelten Schinken
12 g Lauch gewachsen und in ½ cm dünne Streifen schneiden
6 g geraspelten Gouda-Käse, o. ä.
2 Prisen Pfeffer
1 Prise Salz
1 Prise Muskat
(alles aus Frauenhänden, sonst weniger)

Zubereitung:

Alle Zutaten gut vermischen und gleichviel in die zwei Steintöpfe füllen (Verteilung wiederum den Männern überlassen (Iss klar?!)
Mit gerührtem Eigelb überstreichen und 60 Minuten bei 180 Grad in den heimischen Backofen. Guten Appetit!

Westerwälder Backeskuchen

für mind. 4 Personen

Frei von Konservierungsstoffen:

„Die Kartoffeln sind zum sofortigen Gebrauch geeignet."

Hartmut

Zutaten:

2 kg Kartoffeln
3 Eier
250 g Zwiebeln
250 g Dörrfleisch
100 g Haferflocken
100 g Semmelbrösel
100 g Schmalz (oder ¼ l Öl)
Salz, Pfeffer, Muskat

Zubereitung:

Gewürfeltes Dörrfleisch im Schmalz auslassen, Speckwürfel mit einem Sieb herausnehmen, Kartoffeln schälen und fein reiben, kleingeschnittene Zwiebeln mit Kartoffeln, den Speckwürfeln, Haferflocken, Eiern und Gewürzen mischen.
Schmalz in einem Eisenbräter erhitzen, Semmelbrösel auf dem Boden verteilen, die Masse einfüllen. Im vorgeheizten Backofen (220 Grad) 1 bis 1½ Stunden backen, je nach Höhe der Kartoffelmasse.
Dazu passt saftiges Kasseler, hausgemachtes Apfelkompott, Pils oder Schwarzbier

Omelett mit Camembert-Füllung

für 4 Personen

Zutaten:

6 Eier
4 El Mehl
6 El Milch
Salz
Butter
3 Rahm-Camembert
Schnittlauch

Zubereitung:

Eier aufschlagen, das Eigelb vom Eiweiß trennen, Eigelb mit Mehl, Milch und 2 Esslöffeln Wasser verrühren und salzen. Eiweiß steif schlagen und unterheben. Etwas Butter in einer Pfanne schmelzen lassen. ¼ des Teiges hineingeben, den in kleine Würfel geschnittenen Camembert darüber streuen, die Pfanne zudecken und das Omelett 2 - 3 Min. stocken lassen. Das Omelett zur Hälfte zusammenklappen, auf eine Platte gleiten lassen und warm stellen. Die anderen Omeletts ebenso zubereiten und vor dem Servieren mit Schnittlauchröllchen bestreuen.
Beilage: Saison-Salate

Hilde

Ein Bauer über seine Hühner:
„Das sind die nützlichsten Tiere,
die ich kenne - man kann sie vor und
nach der Geburt essen!"

Mägde- und Knechte-Schnitte

rustikale, leckere Mahlzeit für zwischendurch oder für Herrenabende, von der Hausfrau schnell kreiert

Zutaten:

pro Schnitte 150 g Schweinemett
Pfeffer, Salz
1 ganzes rohes Ei
ca. 3 cm von einer Stange Lauch in feine Ringe geschnitten

Zubereitung:

Zutaten durchmengen, auf eine Schnitte Sauerteigbrot geben, Muster mit Lauchringen eindrücken und ab in den Backofen. Bei 200 Grad ca. 10 Min. grillen. Das Brot kann ruhig dunkel werden. Das Mett muss dunkelbraun „bruzeln".
Anschließend mit frischer, gehackter Petersilie bestreuen. Mit in Scheiben geschnittener Essiggurke und Tomatenscheiben den Teller garnieren.
Dazu ein Krug naturtrübes Bier oder ein 10 l Fass Kölsch bei größeren Runden.

Pikanter Gemüsekuchen

für 4 Personen

Für den Teig:

150 g Mehl
4 Tl Backpulver
100 g Magerquark
0,1 l Milch
2 El Öl
1 Ei
Salz

Für den Belag:

120 g Karotten
150 g Zucchini
150 g Broccoli
4 Tomaten
2 Scheiben gekochten Schinken in Würfel geschnitten
100 g Gouda in Würfel geschnitten
5 Eier
100 ml Milch
1 Becher Creme fraiche
1 Tk-Paket gemischte grüne Kräuter
Salz, Pfeffer, Muskat
50 g geriebener Gouda

Zubereitung:

Alle Zutaten für den Teig in eine Rührschüssel geben und mit dem Handrührgerät zu einem geschmeidigen Knetteig verarbeiten. Teig ausrollen, in eine gefettete Springform (d = 28 cm) legen, einen Teigrand von 5 cm Höhe formen. Tomaten mit kochendem Wasser übergießen und häuten, einen Deckel abschneiden und die Tomaten vorsichtig aushöhlen, auf den Tortenboden setzen, innen mit Salz und Pfeffer würzen. Die Karotten und Zucchini in Streifen schneiden, Broccoli putzen, Stengel bis zu den Röschen abschneiden und auch in Streifen schneiden, 1 l Salzwasser zum Kochen bringen und das Gemüse darin nacheinander kochen. Zucchini max. 1 Min. andere ca. 2 Min., abgießen und Gemüse erkalten lassen. Den gewürfelten Käse und Schinken mit dem Gemüse mischen und um die Tomaten herum auf den Tortenboden legen. Von 5 Eiern jeweils 1 Eigelb und soviel Eiweiß in die Tomaten geben, dass sie knappe gefüllt sind. Restliches Eiweiß und 1 Ei mit Milch, Creme fraiche, Kräutern und Gewürzen verquirlen, über das Gemüse gießen. Im Backofen unten bei ca. 180 Grad ca. 60 Min. backen. Ca. 10 Min. vor Ende der Garzeit den geriebenen Käse über das Gemüse streuen, die Tomaten nicht bestreuen. Den Gemüsekuchen warm essen.

Unser weltbekannter „Dippekuche“

Für 6 Personen:

Zutaten:

10 Pfund Kartoffeln grob reiben
6 ganze Eier ohne Schale
200 g Dörrfleisch
1 große Metzgerzwiebel klein hacken

Zubereitung:

Alles durchrühren und mit Pfeffer, Salz und wenig Muskat würzen. Nicht vergessen, die geriebenen Kartoffeln mit Brühe hinzugeben, evtl. ¼ l Milch dazu, je nach Kartoffelart und Stärkeanteil.
Die Masse in einen mit Öl ausgeriebenen Gusseisen-Bräter geben, Butterflöckchen oben auflegen und bei 200 Grad 2 ½ Stunden in den Backofen. Danach stürzen und quadratisch aufschneiden (siehe Bild).
Schmeckt herrlich mit frischem Apfelkompott, den ich mit Zimt und geschlagener Sahne abrunde. - Schmeckt auch am anderen Tag aufgewärmt noch sehr gut, so wie ein mehrmals aufgewärmter Eintopf!

O´batzda

Hartmuts Lieblingsschmaus für den Sommer im Biergarten.
Die Fachleute rätseln immer noch, wer hat wo abgeguckt?!
Die Bayern im Batzewert oder der Batzewert bei Hartmut!

für 4 Personen

Zutaten:

400 g reifen Camembert
1 dicke Metzgerzwiebel
100 g gute Butter

Zubereitung:

Zwiebel in feine Würfel schneiden, für Ungeübte „hacken", Camembert in Stücke schneiden, alles mit der Butter zusammen abatzen (vermengen), mit sauberen Händen geht´s am Besten - wir nehmen die Gabel!!!
Würzen mit 2 Prisen Paprika edelsüß, Pfeffer, Salz, (Pfeffer aus der Mühle, wenn´s geht) und etwas Bier für die Geschmeidigkeit, je nach Geschmack kann man auch etwas Kümmel reingeben.
Dazu ein herrliches Sauerteigbrot und ein Schöfferhofer Weizenbier.

Kalorienreich und hessisch - aber gut!

Speckpfannekuchen

für 4 Personen

Zutaten:

5 Eier
250 g Mehl
½ l Milch,
Salz und Pfeffer
200 g durchwachsener Speck
100 g Lauch
100 g Tomaten
80 g Butter
Petersilie

Zubereitung:

Mehl, Eier, Milch und eine Prise Salz zu einem Teig verrühren. Den Speck in Streifen schneiden und anbraten, den in Streifen (Ringe) geschnittenen und gewaschenen Lauch sowie die gewürfelten Tomaten hinzugeben, pfeffern und weich dünsten. Vom Ofen nehmen. Die Butter in einer Pfanne erhitzen und für je einen Pfannekuchen ¼ des Gemüses hineingeben, dann mit einem ¼ des Teiges übergießen und von beiden Seiten anbraten (gold-knusprig). Servieren mit Kopfsalat und gestreuter Petersilie.
Anschließend eine Stunde mit Hartmut „Fat Burner"!

Anschlag in der Praxis und Ordination eines Limburger Arztes:

„Die werten Patienten werden gebeten, keine Symptome auszutauschen"

Kartoffelkuchen

für 4 Personen

Zutaten:

2 kg Kartoffeln
1 kg Weizenmehl
40 g Hefe
30 g Salz
Zucker und Milch

Zubereitung:

Kartoffeln schälen, fein reiben und durch ein Tuch drücken, die Hefe in warmer Milch mit Zucker auflösen. Salz und Mehl vermischen und alles zusammen zu einem Teig verrühren. Den Kartoffelteig in eine gefettete Form füllen und eine Stunde gehen lassen. Dann bei ca. 180 Grad 100 - 120 Minuten backen.
Guten Appetit

Beilagen und Soßen

Westerwälder „Naujorchen“

Zutaten:
¼ l Milch
250 g Mehl
250 g Vollkornmehl
50 g Hefe
etwas Salz, etwas Zucker
gemahlene Nelken
einige Aniskörner
1 Prise Pfeffer
1 Prise Muskat

Zubereitung:
Alle Zutaten zu einem Teig verrühren und zugedeckt gehen lassen. Den Teig auf einer mit Mehl bestäubten Arbeitsplatte ausrollen und mit einer Tasse Plätzchen ausstechen. Diese müssen noch einmal aufgehen, bevor man sie im Backofen bei 180 Grad ca. 20 Min. backt.

Minna zu ihrem Arzt Dr. Wegmann:
„Nichts gegen Ihre Diagnose, Herr Doktor, aber ich möchte doch noch gern einen anderen Patienten konsultieren“.

Semmelknödel

aus Bayern, im „Batzewert" seit Jahren beliebt
für 2 Personen

Zutaten:

1 Zwiebel
60 g Butter
8 alte (harte) geschnittene Semmeln
Salz, Pfeffer, Muskat
¼ l Milch
gehackte Petersilie
4 - 5 Eier
Salzwasser

Zubereitung:

Die Zwiebel in Würfel schneiden (hacken) und in Butter glasig dünsten. Die geschnittenen Brötchen (Semmel) in einer Schüssel mit den Gewürzen durchmengen, dann die heiße Milch darüber gießen und abgedeckt ruhen lassen. Anschließend die Zwiebelwürfel, Petersilie und die Eier dazugeben, vorsichtig miteinander vermengen, mit nassen Händen Knödel formen und in kochendes Salzwasser legen, Hitze auf schwach reduzieren und gar ziehen lassen (bis Knödel an die Wasseroberfläche schwimmen).
Als Beilage zu Fleischgerichten oder wie im „Batzewert", mit Champignonrahmsoße und Salat servieren.

Spätzle „Allgäuer-Art“

für 4 Personen

Zutaten:

500 g Mehl
6 - 8 Eier
etwas Wasser
Salz nach Belieben

Zubereitung:

Frühzeitig den Teig herstellen, so dass dieser noch quellen kann. Den Teig in kochendes Salzwasser sieben oder vom Brett schaben, ca. 2 Min. garen lassen. Mit dem Schaumlöffel abschöpfen, in eine feuerfeste Schüssel geben, etwas Muskat, Sahne, geraspelten Käse und geröstete Zwiebeln darüber streuen, ab in den Backofen (Grill) und kurz überbacken.

Sauce Hollandaise

für 2 Personen
Der Mann, der diese kochen kann, hat bei seiner Flamme alle Trümpfe in der Hand!

Zutaten:

90 g Butter,
4 Eigelb
60 ml trockener Weißwein
1 Prise Salz
1 Tl Zitronensaft
1 Prise Pfeffer

Zubereitung:

Butter aufkochen (Molke herauskochen und abschöpfen), dann lauwarm abkühlen lassen. Rührschüssel in warmes Wasserbad stellen, Eigelb und Wein hineingeben, beides mit kleinem Schneebesen rühren, bis eine homogene Masse entsteht. Unter ständigem Rühren nach und nach die lauwarme Butter unterrühren. Immer warten, bis die Sauce unter ständigem Rühren fester wird, dann wieder die Butter zugeben. Abschmecken mit Zitronensaft, Salz und Pfeffer.
Zeitbedarf ca. 20 Min.
Schmeckt sehr gut zu frischem Spargel!

Karikaturen sind geistige Akupunktur ohne therapeutische Absicht.
Ch. Morgenstern

Mayonnaise- Grundrezept

z. B. für grüne Soße

Zutaten:

2 Eigelb
1 Tl Senf
Salz
Pfeffer aus der Mühle
2 El Zitronensaft
¼ l neutrales Speiseöl

Zubereitung:

Eigelb in einer glatte Schüssel geben, Senf dazu und gut miteinander verrühren.
Salz, Pfeffer und Zitronensaft in einer Schüssel verquirlen bis das Salz sich löst dann alles zum Eigelb-Senf geben.
Tropfenweise unter ständigem Rühren mit dem Schneebesen das Öl zugeben und zu einer festen Masse verrühren.
– Fertig ist die Mayonnaise.

Leckere Senfsauce

für 2 Personen

Zutaten:

20 g Butter
20 g Mehl
250 ml Fleischbrühe
2 Prisen Salz
1 EL Senf
1 El Essig
2 Prisen Zucker

Zubereitung:

Butter zerlassen und Mehl darin anschwitzen. Dann die Brühe unter ständigem Rühren nach und nach dazugeben. Bei schwacher Hitze 10 Min. durchkochen und mit Senf, Salz und Zucker abschmecken.

Lecker mit gekochten Eiern und Kartoffelpüree

Dr. Wegmann bei einem Vortrag:
Ein Hypochonder fühlt sich nur wohl,
wenn er sich schlecht fühlt.

Kleiner Tipp zwischendurch

zum Kochen mit Knoblauch:

Knoblauch in dünne Scheiben schneiden, in heißes Fett (Olivenöl) geben und erhitzen bis er anfängt zu bräunen. Dann mit einem Holzlöffel die Knoblauchstücke aus dem Fett nehmen - geht ganz einfach, da Knoblauch an dem Holzlöffel „klebt".

Süße Verführung

Schmandkuchen

Teig:
4 Eigelb
100 g Zucker
100 g Mehl
einige Tropfen Zitronenaroma
½ Tl Backpulver

alles zu einem Teig verrühren, 4 Eiweiß steif schlagen, unter den Teig heben. Den Teig in eine mit Backpapier ausgelegte Springform füllen. Bei 180 Grad 30 - 40 Min. backen, auskühlen lassen.

Füllung:
2 Becher Sahne
1 Becher Schmand
1 Päckchen C-Frisch
1 Dose Mandarinen
5 Blatt Gelatine

Sahne steif schlagen, Schmand, C-Frisch, Mandarinen unterheben, Gelatine nach Packungsanweisung auflösen und in die Masse geben.
Tortenboden halbieren, auf den unteren Boden die Füllung geben (Tortenring um den Boden legen), den oberen Boden darauf legen, mit Puderzucker bestreuen und ca. 2 - 3 Stunden im Kühlschrank fest werden lassen.

Christiane

Es war Gottes wunderbare Idee, eine Rippe des Mannes zu nehmen, um daraus eine Frau zu machen - Eine teure Rippe, zugegeben.

Apfel-Schmand-Kuchen

Zutaten:

300 g Butter
200 g Zucker
6 Eier
300 g Mehl
1 P. Backpulver
2 kg säuerliche Äpfel

Zubereitung:

Aus den Zutaten einen Teig rühren, auf ein Blech streichen und dicht mit Äpfeln belegen.
Dann in den Ofen und bei 200 Grad ca. 45 Min. auf der mittleren Schiene backen.
2 Becher Schmand
2 P. Vanillezucker
2 Becher geschlagene Sahne
2 P. Sahnesteif
3 El Zucker
verrühren bzw. unterziehen und auf den Kuchen streichen, mit Zimt und Zucker bestreuen.

Petra

Lebkuchen

Zutaten für den Teig:
350 g Mehl
300 g Zucker
100 g gemahlene Nüsse
1 P. Backpulver
1 P. Vanillezucker
1 El Kakao
1 - 2 P. Lebkuchengewürz
(nach Geschmack)
etwas Zimt

Zubereitung:
Alle Zutaten miteinander verrühren.
Danach
150 g flüssige, erkaltete Butter
4 Eier
¼ Milch
2 El Honig
mit in den Teig rühren und alles auf dem Blech bei 180 Grad ca. ½ Stunde backen.

Corina

Westerwälder „Eierkuchen"

für 4 Personen

Zutaten:
8 - 10 Eier
1 l Vollmilch
½ l Buttermilch
4 Tl Mehl

Zubereitung:
Eier, Buttermilch und Mehl gut verrühren. Vollmilch zum Kochen bringen. Verrührte Masse in die kochende Milch geben und kurz aufwallen lassen. Die dabei entstehenden Flocken in ein Käsesieb geben. Das Ganze gut abtropfen lassen, dann stürzen. Den Eierkäse pikant mit frischen Kräutern, wie Petersilie, Dill, Schnittlauch etc. und etwas Salz würzen oder süß mit Zucker und Zimt oder Fruchtsirup.
Lecker mit Schwarzbrot und einem Gläschen Korn
Für Nicht-Westerwälder: Im Batzewert werden Original-Käsesiebe verkauft.

Schmalzgebackenes und Dörrobst aus dem Westerwald

Zutaten:

250 g Butter
250 g Zucker
2 Päckchen Vanillezucker
3 Eigelb
500 g Mehl
2 gestrichene Tl Backpulver
1 El Milch

Ich komme gerade von einem Kindergeburtstag - ich gehöre zu den wenigen Überlebenden.

Zubereitung:

Die Butter schaumig rühren und nach und nach Zucker, Vanillezucker und Eigelb hinzugeben. Das mit dem Backpulver gesiebte Mehl esslöffelweise mit der Milch unterrühren. So bald der Teig anfängt fest zu werden, auf ein Backbrett legen und den Rest des Mehls darunter kneten. Nun drehen wir den Teig durch einen Fleischwolf mit Spezialvorsatz für Spritzgebäck, schneiden die Plätzchen in beliebiger Länge ab, legen sie auf ein gefettetes Backblech und backen sie bei 175 - 200 Grad ca. 10 - 15 Min. Nach dem Erkalten können die Plätzchen mit Kuvertüre bestrichen werden. Abwandeln lässt sich dieses Rezept, indem man abgezogene, geriebene Mandeln, geriebene Nüsse oder die abgeriebene Schale einer Zitrone oder Apfelsine in den Teig gibt. Anstelle von Butter kann auch Margarine oder Butter und Margarine je zur Hälfte genommen werden.

Arme Ritter mit Weinschaum

für 4 Personen

Zutaten:

1 Brötchen vom Vortag
Milch zum Einweichen
Fett zum Ausbacken
Zucker und Zimt
Pfannkuchenteig:
4 Eier
½ l Milch
200 g Mehl
2 El. Zucker
1 Prise Salz
2 P. Vanillezucker
Weinschaum:
½ l Weißwein aus Rheinhessen
8 Eigelb
200 g Zucker

Zubereitung:

Die Brötchen vom Vortag vierteln oder in Scheiben schneiden, in Milch einweichen, danach in dem Pfannkuchenteig wälzen und in der Pfanne in heißem Öl ausbacken.
Für den Weinschaum das Eigelb mit Zucker cremig rühren, den Wein hinzugeben und die Masse in heißem Wasserbad zu einem festen Schaum aufschlagen.
Servieren: Den Schaum in die Mitte des Tellers geben, die ausgebackenen „Armen Ritter" in Zucker und Zimt wenden oder bestreuen und auf den Weinschaum legen.

Mitten aus dem Leben:

Klaus Giese zum Gast: „Die Küchenchefin gratuliert Ihnen zu Ihrer Beobachtungsgabe - es war tatsächlich Spülwasser".

Mousse au Chocolat

für 4 Personen

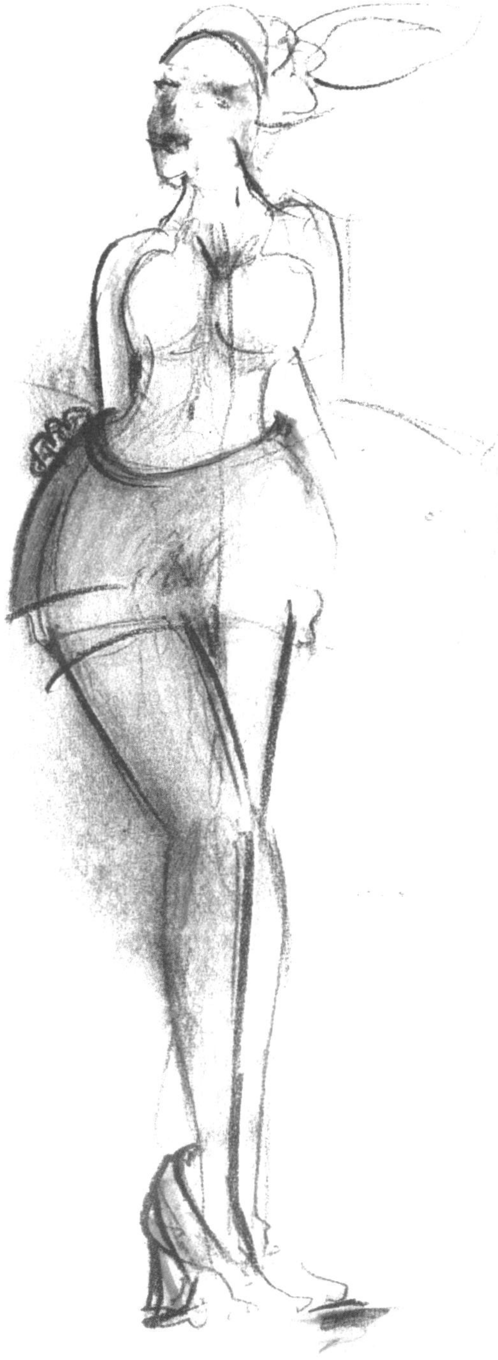

Zutaten:

125 g Butter
200 g Blockschokolade
6 Eigelb und 6 Eiweiß
150 g Zucker
1 Tasse Mocca.

So wird´s gemacht:

Die Butter in einem Topf zerlaufen lassen, die zerbröckelte Schokolade dazu geben und unter Rühren schmelzen. Das Eigelb mit dem Zucker in eine Schüssel geben und schaumig schlagen. Die flüssige Schokolade vorsichtig unterziehen und den Mocca unterrühren. Das Eiweiß steif schlagen, etwas Eiweiß mit einem Schöpflöffel unter die Schokoladenmasse ziehen und diese Masse dann unter das restliche Eiweiß heben. Die Creme in Gläser füllen und über Nacht erkalten lassen.

Apfelpfannkuchen

Zutaten:
2-3 Eier
200 g Mehl
5 g Salz
0,2 l laue Milch
25 - 30 große, halbfingerdicke Apfelscheiben
2 El saure Sahne
300 g Butter
125 g feiner Zucker

Zubereitung:
Mehl langsam mit der Milch zu einem Teig verrühren. Salz, Eier, Rum und Sahne tüchtig unterschlagen.
Äpfel schälen, Kerngehäuse ausstechen und in dicke Scheiben schneiden. Butter in einer Pfanne schmelzen. Die Apfelscheiben in den Teig tauchen und einzeln in die Pfanne legen. Noch 1 El Teig über die einzelnen Scheiben geben, sodaß kleine Kuchen entstehen. Bei kleiner Hitze backen bis sie auf der Unterseite braun sind, dann umdrehen und die andere Seite backen. Wenn die Äpfel sich mit der Gabel leicht zerdrücken lassen, sind die Kuchen gut.

Gabrieles schneller Nachtisch

für 4-6 Personen

Zutaten:
500 g Mascapone
500 g Joghurt
1 Becher rote Grütze (etwas Grütze für die Dekoration aufheben)
3 El Zitronensaft

Zubereitung:
Alle Zutaten mit einem Handrührgerät zu einer lockeren Masse schlagen, kühl stellen. Vor dem Servieren die restliche Grütze als Punkte auf der Creme verteilen.

Tip: Die Nachspeise kann bereits morgens für das Abendessen hergestellt werden. Dann sollte man allerdings ein Päckchen klaren Tortenguss zubereiten und langsam mit dem Handrührgerät untermischen, damit sich alles gut verbindet und sich der Saft aus der Grütze nicht absetzt.

Apfelglühwein

für 3-4 Personen

Zutaten:

1 Flasche Apfelwein
¼ l Apfelsaft
abgeriebene Schale einer halben Zitrone
60 g Zucker
1 Zimtstange
4 Nelken

Zubereitung:

Alle Zutaten in einen Topf füllen und erhitzen.
Der Glühwein darf jedoch nicht kochen, damit der Alkohol erhalten bleibt. Nach Belieben nachsüßen. Ganz heiß in feuerfeste Groggläser abseihen und sofort servieren. Experten empfehlen noch ein ganz besonderes Apfelwein-Rezept gegen leichte Erkältungen: Zu den oben angegebenen Zutaten kommen noch etwas Honig und Calvados. Dann ist der Anti-Erkältungsdrunk, fertig.

Eierkäs, etwas anders

Nach Omas Rezept

Nachdem man 3 ganze Eier und 3 Dotter in einen Topf (feuerfest, ohne Edelstahl und Plastikgriffe) geschlagen und mit ½ l Quark, guter Milch oder Sahne, auch etwas Salz und Muskat gut durcheinander gequirlt hat, setzt man den Topf in eine Kasserolle mit kochendem Wasser und lässt ihn so lange darin stehen, bis die Masse sich mit dem Löffel abstechen lässt. Fertig

Aus der mediterranen Küche

Spaghetti alla salsa di cipolle

Spaghetti mit Zwiebelsoße
(Zubereitung 20 Min.)

Zutaten:

400 g Spaghetti
4 weiße Zwiebeln
½ El gehackter Thymian oder Majoran
½ Glas Weißwein
½ Glas frische Sahne
1 El geriebener Parmesan
Salz

Zubereitung:

Die Zwiebeln enthäuten, vierteln und in feine Streifen schneiden. Zusammen mit dem Thymian oder Majoran werden sie im Wein, leicht gesalzen, dem wir noch die gleiche Menge Wasser zugeben, 15 Min. auf kleiner Flamme kochen. Dann vom Herd nehmen und die Sahne untermischen.

Die Spaghetti sind al dente und werden mit sugo vermengt, Parmesan darüberreiben und nochmals mischen.

Ein Geistlicher zu seiner Gemeinde:

Ich habe immer betont, dass die Armen in der Kirche gerne gesehen sind. Wie ich an der Kollekte sehe, sind alle gekommen.

Spaghetti allo zapfferano

Spaghetti mit Safran
(Zubereitung 20 Min.)

Zutaten:

400 g Spaghetti
½ kleine rote Zwiebel
4 El Olivenöl
2 dünne Scheiben Bauchspeck (ersatzweise luftgetrockneter Schinken)
1 El Weißwein
2-3 Tütchen Safran zu je 0,125 g
Salz
Pfeffer aus der Mühle
Parmesan

Zubereitung:

Die Zwiebeln werden fein gewürfelt auf kleiner Flamme 10 Min. in Öl gegart, dann kommt der Bauchspeck, ebenfalls fein gewürfelt, hinzu und soll wie die Zwiebeln glasig werden. Den Safran lösen wir in einer halben Tasse warmen Wasser, geben das in die Pfanne zum Sugo (Tunke) fertig. Damit werden die Spaghetti in der vorgewärmten Schale angemacht, die nun im goldenen Safranschein erstrahlen. Bei solch strahlendem Sonnenschein ist ein hübscher Parmesanregen ein erfrischender Genuss.

Spaghetti al gorgonzola

Spaghetti mit Gorgonzola
(Zubereitung 25 Min.)

Zutaten:

400 g Spaghetti Nr. 4
2 El Butter
8-10 Blätter Salbei, in Streifen geschnitten
150 g Gorgonzola dolce (süß)
weißer, frisch gemahlener Pfeffer
Muskatnuss
100 ml süße Sahne

Zubereitung:

Während die Pasta al dente gekocht wird, schmelzen wir die Butter, fügen den Salbei hinzu und geben den Gorgonzola in kleineren Flocken in die Butter, wo er selig dahinschmilzt. Pfeffern und mit Muskat würzen, dann die Sahne unterziehen, einmal kurz zum Siedepunkt bringen, dann das Spaghettiwasser abgießen und die Pasta mit der Soße vereinen. In mollig warmer Schale auf den Tisch bringen und befriedigt feststellen, wie gut es allen mal wieder mundet.

Spaghettisalat

(Zubereitung ca. 30 Min.)

Zutaten:

250 g Spaghetti
500 g Käsewürfel (evtl. Gouda)
6-7 frische Knoblauchzehen
Klare Brühe (Inst.)
Öl, Balsamicoessig (oder Zitrone)
viel Schnittlauch, Salz und Pfeffer
Kurkuma (Gewürzregal)

Zubereitung:

Spaghetti kochen und kalt werden lassen. Käse in kleine Würfel schneiden, Schnittlauch und Knoblauch kleinhacken und mit einer Tasse klarer Brühe (1 Würfel) in die Spaghetti geben.
Mit Salz und Pfeffer abschmecken. Kurkuma (etwa 2 Teelöffel) unter die Spaghetti heben, bis sie goldgelb sind.

Eine Frau zu Ihrem Mann:

Wenn Du mir schon dauernd Halbwahrheiten zumutest, dann präsentiere mir wenigstens nicht dauernd die verkehrte Hälfte.

Tagliatelle o pappardelle al ragu

Bandnudeln mit Fleischragout
(Zubereitung 30 Min.)

Zutaten:
300 g Tagliatelle
1 kleine Zwiebel
1 Karotte
1-2 Stangen Sellerie
100 g Butter
2 Lorbeerblätter
1 kleiner Zweig Rosmarin oder
4 Gewürznelken
150 g Pelati
1 Glas Rotwein
325 g Hackfleisch
1 Tasse Fleischbrühe
Salz, Pfeffer, Muskat und eventuell etwas Sahne

Zubereitung:
Alles Gemüse sehr fein gehackt in die geschmolzene Butter geben. Lorbeerblätter, Rosmarin oder Nelken mitkochen und die zerkleinerten Tomaten zugeben. Nach etwa einer Viertelstunde Rotwein und das Hackfleisch nach und nach zugeben. Alles etwa 2 Stunden sanft garen lassen.
Immer, wenn die Soße zu fest zu werden droht, mit Brühe abgießen und fleißig rühren.
Nach Ablauf der 2 Stunden Lorbeerblätter, Rosmarinzweig oder Nelken entfernen. Dann mit Salz, frisch gemahlenem Pfeffer und etwas frisch geriebener Muskatnuss abschmecken und über die al dente gekochten Tagliatelle geben.

Das Gesicht wahren ist am leichtesten, wenn man die untere Partie geschlossen hält.

Tagliatelle al peperoni

Bandnudeln mit Paprika
(Zubereitung 15 Min.)

Zutaten:
400 g Tagliatelle
30 g frischer gelber Paprika
30 g frischer grüner Paprika
30 g frischer roter Paprika
5 EL Olivenöl
etwas Salz
Parmesan

Zubereitung:
Wie wir wissen, gibt es knackige gelbe, grüne und rote Paprika. Diese fröhliche Mischung verwenden wir hier für diese herzhafte Pasta-Soße.
Blitzeinfach: Die Paprika säubern, Samen entfernen und in dünne Streifen schneiden. Im Olivenöl etwa 15-20 Min. garen. Mit Salz abschmecken. Die Tagliatelle im großen Topf mit sprudelndem Salzwasser al dente kochen und abgießen. Mit dem Sugo (Soße, Tunke) mischen, noch einen kleinen Moment ziehen lassen. Mit geriebenem Parmesan servieren.

Tagliatelle mit Käsesoße und Filet

Zutaten für 4 Personen:

Zutaten:

2 Schweinefilets (ca. 600 g)
1-2 El Öl
375 g Broccoli
250 g Tagliatelle (Bandnudeln)
Salz, Pfeffer
¼ l Milch
50 g Edelpilzkäse
2 Eigelb
100 g Schlagsahne
2 El Pinienkerne oder Mandelstifte
1 El Butter

Zubereitung:

Filets abtupfen. Im heißen Öl 15-20 Min. braten. Broccoli putzen und in Röschen teilen. Nudeln in kochendem Salzwasser garen. Broccoli ca. 5 Min. mitgaren. Filets würzen und warm stellen.
Bratensatz mit Milch lösen und aufkochen. Käse zerbröckeln und in der Soße schmelzen. Eigelb und Sahne verquirlen. Erst mit etwas Soße verrühren, dann zurück in die Soße rühren. Nicht mehr kochen! Mit Salz und Pfeffer abschmecken.
Kerne rösten. Nudeln und Broccoli abtropfen, Fett darauf zerlassen. Alles anrichten, fertig !

Frauen sind immer erstaunt, was
Männer alles vergessen.
Männer sind erstaunt, woran
Frauen sich erinnern.
Peter Bamm

Tagliatelle al pesto e salmone

Bandnudeln mit Pesto und Lachs
(Zubereitung 45 Min. bis 1 Std. Ruhezeit)

Zutaten:

350 g Tagliatelle
200 g Lachs
etwas Zitronensaft
1 Tl Thymian
2 El Butter
etwas Salz
Pfeffer aus der Mühle

Für den Pesto

3 Knoblauchzehen
40 g Pinienkerne
4 El Öl
50 g Basilikum
½ Tl Salz
etwas Pfeffer aus der Mühle

Zubereitung:

Die Pesto-Zutaten werden alle zusammen in einem Mörser oder Mixer zu einer homogenen Masse verarbeitet. Den Lachs säubern, mit etwas Zitronensaft beträufeln und ca. 1 Stunde im Kühlschrank marinieren lassen. Danach wird er ganz sanft in Butter gegart und in mundgerechte Stücke zerlegt.
Salzen, pfeffern und mit Thymian bestreuen. Die gekochte Pasta vorsichtig unter den Lachs mit der Butter heben. Nun zaubern wir, indem wir die Pestomasse unterziehen, das zarte beglückende Maiengrün. Stellen Sie sich vor: hellgelbe Pasta, lachsrosa gefärbte Fischstückchen in frühlingsgrüner Creme.
Dies ist die eleganza vera !

Penne con broccoli

Penne mit Broccoli
(Zubereitung 45 Min.)

Zutaten:

400 g Penne rigate
ca. 250 g Broccoli
4 Knoblauchzehen
4 El Olivenöl
Salz
Parmesan

Zubereitung

Die Broccoli werden zerpflückt und in ½ l Salzwasser ca. 20 Min. gekocht. Danach werden sie herausgehoben und warm gestellt. Das Broccoliwasser wird zusammen mit weiterem Salzwasser, entsprechend der Pastamenge, zum Kochen der Penne verwendet.
Während die Penne ihrer Garzeit entgegensprudeln, zerdrücken wir die Knoblauchzehen in kaltem Olivenöl. Dieses vermischen wir in einer Schüssel mit den Penne und ziehen dann die Broccoli unter. Mit Parmesan servieren.

Rigatoni con Tonno e piselli

Rigatoni mit Thunfisch und Erbsen
(Zubereitung 30 Min.)

Zutaten:

400 g Rigatoni oder Penne
250 g Tonno (Thunfisch) naturale, oder aus der Dose
30 g Butter
1 kleine Zwiebel
1 Glas Weißwein
300 g Zuckererbsen
120 g Thunfisch
1 El geriebener Pecorino (Schafskäse) oder Parmesan
½ Bund Petersilie
1 Tl Thymianblätter
Salz und frisch gemahlener weißer Pfeffer

Zubereitung:

Das Thunfisch-Dosenöl abgießen, Butter schmelzen, Zwiebel hacken und in die Butter geben, glasig werden lassen. Den Thunfisch ein wenig zerteilen und ebenfalls zugeben. Mit Weißwein ablöschen, dann 2 - 3 Min. weiter köcheln lassen. Erbsen zum Thunfisch geben, dann die Sahne zugießen. Vorsichtig umrühren!
Mit dem geriebenen Pecorino noch zwei weitere Min. schwach köcheln lassen, die gehackte Petersilie und Thymian hinzufügen, Salz und Pfeffer aus der Mühle munter hineingeben – fertig!

Gerade die kurzen Nudelformen sind ideal für Ungeübte, Kinder, Kaufaule, Schlucker, Gierige, Mampfer und Großmäuler, kurz, es deckt fast die ganze Palette möglicher Gäste ab.

„Ich schwärme für einfache Genüsse. Sie sind die letzte Zuflucht der Komplizierten.“

Oscar Wilde

ESSEN GEHEN

(K)ein Abenteuer?

Rezepte und Originalitäten, (bedeutet, ganz Allgemeines zu produzieren*) zum Nachkochen. Alle Rezepte, auch die geklauten (*Man kann klassische, traditionelle Speisen nicht immer neu erfinden, aber immer noch verbessern*), haben wir gekocht, angeboten und* sogar *verkauft, mit der anschließenden Bitte von Gästen und Freunden, die Rezepte Ihnen zur Verfügung zu stellen. So entstand dieses kleine Kochbuch.*

Oft unterhalten wir uns, Klaus Giese, mein langjähriger beruflicher Weggefährte und früherer Kapellmeister und ich, über die Bedürfnisse eines Gastes in der heugen Zeit und ob sich in den letzten 20 Jahren etwas Grundsätzliches geändert hat. Nicht dass bei uns das Ausmaß der Reklamationen die Aussagen der Angebote und Reklame übertrifft!!! Aber schauen Sie mal in den Medien, Fernsehen, Zeitungen nach; Was liest man, was hört man: Polit-Prominenz, Prominenz aus dem Show-Bissi , Möchtegernsternchen und die zukünftigen Sanges-Versager, Sportgrößen und solche, die es werden wollen und doch nie werden, sogar der Nachbar, der in der kommunalen Verwaltung tätig ist oder der Mitarbeiter, der die Bahn oder die Post in den Keller fährt, äußert sich: „Wir treffen uns heute abend bei meinem Italiener“ „Wir gehen essen zu meinem Italiener“. Jeder hat seinen Italiener: Gekauft, adoptiert oder finanziert?! frage ich mich jedes Mal, wenn ich die Bildzeitung aufschlage und lese: „Heute freut sich der B....k..... S. wieder auf ein Essen bei seinem Italiener in Berlin mit Ehefra D!“ oder so ähnlich.

Um Gotteswillen, ich habe nichts, aber ehrlich auch gar nichts gegen die Italiener und erst recht nichts gegen die italienische und mediterrane Küche, im Gegenteil! *Eines meiner ausländischen oder besser gesagt überregionalen Lieblingsessen ist* „Spaghetti Aglio, Olio e Peperoncino“.

Zutaten: 400g Spaghetti, 4 El Olivenöl, 6 Knoblauchzehen, 2 Peperoncini, Salz, Parmesan

Der Knoblauch wird zerdrückt, im Olivenöl erhitzt und die Peperocini dazugekrümelt. Etwas salzen und die gekochten und fertigen Spaghetti (Spaghetti kochen wird jeder können, Öl ins Wasser nicht vergessen) damit anrichten. Mit Parmesan berieselt, ist dieses Gericht fix und forte.

Ich verstehe natürlich, dass man eine gewonnene oder verlorene Deutsche Fußball-Meisterschaft nicht in der Pommes-Bude oder Buletten-Pinte oder in einer auf Fast Food eingerichteten und auf Massenabfertigungsniveau kochenden weltweiten Restaurantgruppe feiert. Ich möchte auch meinen vielen italienischen Freunden nicht das Geschäft vermiesen. Sie haben es einfach drauf. Denn die haben es als erste verstanden, die Küche bis 24.00 Uhr oder sogar bis 1.00 Uhr früh aufzuhalten, um die Spätgäste zu befriedigen, als die deutschen Restaurants noch Küchenschluss um 22.00 Uhr hatten.
Unsere Euro-Kollegen aus dem Süden präsentieren mit ihrem angeborenen Charme, ihre Angebote und zu verhökernde Ware nicht nur auf der Speisekarte, sie zeigen sie auch dem Gast und führen ihre frisch gefangenen Wassertiere in der Vitrine liegend oder auf der Silberplatte im Restaurant vor, Vorspeisen in aller Vielfalt, besichtungsfähig im Büffet. Was hindert den Wirt im Wirtshaus dran, das gleiche mit unseren heimischen Produkten zu tun?
Natürlich können wir uns der *Pizza* nicht entziehen, wollen unsere Kinder auch nicht. Aber ein herzhaftes, herrlich knuspriges Schnitzel „mal wieder in der Pfanne“ anstatt in der Friteuse gebraten und so fachmännisch zubereitet, dass nicht die sogenannte Knusper-Panade beim Servieren schon herunter fällt und das Fett oder Öl Ihnen beim Essen die Mundwinkel herunterläuft.
Dann unsere Service-Wüste (nicht nur in der Gastronomie)! Und wo bleibt das Herz für Kinder! Ich denke da nur mal an zwei Beispiele: Ich hatte Heißhunger auf ein Fischbrötchen , zubereitet von einer großen Nasstier-Kette. Neuerdings gibt es auch in dieser Kette „Fish and Chips“. Ich stand an der Theke, eine Verkäuferin wandte sich mir zu: *„Guten Tag, was darf ich für Sie tun?* “, freundlich, oder ! Neben mir stand ein Herr, grüßte freundlich zu „seiner“ Verkäuferin“, die den Gruß nicht zurückgab; Er bestellte *„Fish and Chips*“. Statt zu fragen, wie viel es denn sein darf, (es gibt kleine und große Portionen) fragte oder sagte sie, wie früher ein Volkspolizist in den heutigen neuen Bundesländern, in einem barschen Ton: *„Groß oder klein“!* als wenn es selbstverständlich wäre, dass es verschiedene Portionsgrößen gibt und man dieses wissen müsse. Eingeschüchert und kleinlaut bestellte der Herr eine große Portion.
2. Beispiel: Regelmäßig sind wir, meine Frau, immer mehrere von unseren 5 Kindern und ich gerne in einem Freiluft-Restaurant zum Essen gegangen, oftmals ist noch ein anderes Ehepaar dazugestoßen. Ein bisschen Unruhe während der Platzauswahl und dem Zusammenstellen der Tische entstand natürlich, sollte aber, da sich alles draußen auf der Terrasse abspielte, kein Problem sein, zumal wir alles in Eigenregie unter vollkommener Entlastung der seit 40 Jahren im Beruf tätigen Bedienung machten. Auf jeden Fall merkten wir immer öfter, dass unsere Kinder der betagten Bedienung ein Dorn im Auge waren, obwohl wir sie schon lange an Tischmanieren gewöhnt hatten. Wenn wir alleine zum Essen ins Freilichtrestaurant kamen, wurden wir freundlichst bedient, aber Kinder ?!

Eines Tages rollten wir wieder an. Der weitläufige Parkplatz war gut vom Restaurant einzusehen. Die Bedienung schoss aus der Tür, rief uns von weither zu: *„Wir sind besetzt, wir haben einen Bus mit 60 Gästen“!* Auf mein Erwidern: *„Wo steht denn der Bus ?“* antwortete sie: *„Der ist noch mal kurz fort, kommt aber gleich wieder“!* Ich spazierte mit meiner Familie anschließend anderthalb Stunden in der Nähe des Restaurant, es kam nie ein Bus. Nur mal so nebenbei, wir sind keine Familie namens „Flodders“.

Aber unsere urtümliche und traditionelle Restaurant und Gasthauswelt würde sich freuen (und es wäre doch auch mal wieder schön), wenn man in der Zeitung liest: *„Frau und Herr S. verbrachten einen zauberhaften Abend bei Handkäse mit Musik und ein Stöffche im Gerippten bei Wirtin Frieda und Wirt Hans in der Hessischen Schänke“.* Oder *„Fussballprofi E. sah man vor Einkehr in die Disco beim Dippekuchen mit Apfelmus im Deutschen Brauhaus“. „Rennfahrer S. ließ es sich in der Obermühle bei Ofenbraten und Wirsing schmecken“. „Familie R.S. ließ es sich bei „Spätzle Allgäuerart“ munden, oder bei „Matjes Hausfrauenart mit Pellkartöffelchen“!* So können wir es beliebig fortsetzen. Einfaches, lecker zubereitet, unterliegt natürlich keinem Modetrend.
Auch traditionelle Gast- und Wirtshäuser sind ein Ort der Kommunikation, Kulturgeschichte und Essenkunst! Genießen heißt nicht, seine Bedürfnisse schnell zu befriedigen und den Hunger zu stillen, denn dafür gibt’s auch schon Pillen.

Auch verstehe ich heute, dass die 2- und 3-Sternebuden ihre beste Zeit gehabt haben müssen. Man kann oft nur noch ahnen oder riechen, was auf dem übergrossen Teller serviert sein sollte. Das Preis-Leistungsverhältnis ist nicht mehr gegeben das *Amuse gueule* wird als Überbleibsel der nicht verkauften toten Fische durch den Mixer gejagt, kunstvoll mit kreativsten Namen, als Pastetchen durch den eingebildeten Kellner serviert. *(wieder ein Pluspunkt für unsere italienischen Kollegen: Freundlichkeit, Geborgenheit das Gefühl für den Gast als ob man sich schon lange kennt.)*

„The Show must go on“

Man hat auch in vielen Nicht-Sterne-Häusern mit wohlklingenden Namen, aus längst vergangenen Epochen, das Gefühl, der Gast möge für das Interieur und den inkompetenten Snobismus bezahlen und nicht für den früher (doch bei vielen Gästen immer noch) so erregenden *Gaumenkitzel.* Ein Muttertagsessen, ein romantisches Diner zu zweit *davor* oder *danach*, auch meinetwegen *zwischendurch,* kann durch die Dekadenz des effekthaschenden, überheblichen, vor lauter Fachwissen den Gast zudröhnenden („Der Wein ist nicht korkig, das ist die besondere Eigenart und Note der Lage“), der himmelschreienden Arroganz und der Preise in der Speisekarte des Übergastronomen, samt angestiftetem Personal, alle Sinnlichkeiten und Gefühlsaufwallungen töten.

Vergessen Sie Etikette! Meinen Sie, das Servicepersonal erkennt an Ihrem bewusst abgelegten Besteck, was Sie ausdrücken wollen?! Halten Sie ja mit beiden Händen den Teller fest, wenn Sie

eine kleine Essenspause einlegen.
Sie bekommen den Rotwein eingeschänkt, einige Spritzer gehen durch die steife Haltung des Oberkellners daneben, die Tischdecke sieht dadurch schon zweimal benutzt aus. Beim Servieren des Amuse-Gueule guckt Sie der servierende Kellner (Im Volksmund „Teller-Taxi" genannt) nach Blick auf die Tischdecke vorwurfsvoll an und Sie senken beschämt die Augen. Den gefüllten Aschenbecher schieben Sie selbst, während des Essens, von einer Ecke in die andere.
Sollte nicht der Gast das Gefühl haben, alles zum ersten Mal zu benutzen?! Pustekuchen, das Milchkännchen zum Kaffee ist nur noch knapp über dem Boden gefüllt, man sieht aber an den gelben Rändern im Innenteil, dass es schon mal voll war. *„Petits Fours"* zum Kaffee gibt es heute nicht, der Konditor ist krank, na ja, alt schmecken Sie ja auch nicht, vielleicht ist der Kaffee günstiger!
Sie beneiden und bewundern den weißen Spargel vom Gast am Nebentisch, der ihn leider nach Ihnen bekommen hat. Ihr Spargel sieht etwas vergewaltigter aus, dunkler und zu weich zum Schneiden, hat man mit Ihrem Kommen und Ihrer Spargelbestellung schon 2 Stunden früher gerechnet?!.
Dem auf der Karte angepriesenen überbackenen Lachsfilet fehlte das Überbackene, die Schnittlauchkartoffeln waren schon etwas kalt (man hat ja mit Ihnen vorher gerechnet, warum auch immer?) und der Schnittlauch hat sich zauberhafterweise in Petersilienkrümmel verwandelt.
Das Ganze kam Ihnen trocken vor?. Klar die Sauce Hollandaise kam erst zu den letzten beiden Spargelstangen, sie wird ja schließlich *a la minute* aufgeschlagen.
Schade! Oftmals wenn ich mit meiner Familie bei solchen Elitekollegen zum Essen war, denke ich danach, dass es nicht hätte sein müssen.
Eine herzhafte Currywurst mit Pommes hätte es auch getan!!
Außerdem wären noch neue Jeans für meine Kinder dabei rausgesprungen.

Die besten Leute, meine ich, wahre Künstler in solchen überteuerten Kunst-(Fr)ess-Tempel, sind die Köche. Sie machen aus den kleinsten Portionen hervorragende große Kunstwerke. Aber das alles nützt nichts, wenn man davon nichts mehr mitbekommt, weil man vor Ankommen des 3. Ganges schon betrunken ist, da mittlerweile 2 Stunden vergangen waren. Das nennt man heute Kultur! Je teurer, um so besser, sonst hat man ja nichts zum Prahlen. Kennen Sie eigentlich die Geheimsprache vieler Kellner und Köche für manche Gerichte?! Es gibt doch heute in fast jeder Küche den Zauberstab, ja richtig, den von berühmten Köchen empfohlenen. Mit diesem Zauberstab können Sie mixen, zerkleinern, schlagen, quirlen und pürieren. Wenn Sie nach der Tagessuppe in einem Restaurant fragen und der Kellner kann Sie von Anfang an nicht leiden, dann sagt er Ihnen *„Heute gibt es die Rumfort"* oder *„Rumkommtsuppe"* Sie können damit sowieso nichts anfangen. Aber bei der morgentlichen Menübesprechung für den Tag heißt es: *„Heute gibt es Rumfortsuppe," „Alles was rum liegt, mußfort, oder die Rumkommtsuppe, Alles was rum liegt kommt*

rein." Und schon serviert man Ihnen eine cremige, herrlich gebundene Suppe mit gestreuselter Petersilie.
(Neuerdings gibt es ein Verfütterungsverbot von Speiseabfällen nach Az.:1 Ss222/01 OLG Karlsruhe)
Ich möchte Ihnen keine Angst machen, es ist auch beileibe nicht überall so, es gibt natürlich die Top-Fachleute und Küchenstars, die Trends setzen und sich aus internationalen renommierten Häusern rekrutieren.
Eine *Küchenbibel* mit exotischen, unverständlichen aber auch klassischen, leckeren Rezepten haben schon viele geschrieben. Wir möchten Sie aber ein kleines bißchen wieder zur heimischen und verständlichen Küche führen, wollen dabei aber amüsant und leicht ironisch sein. Auch eine deftige, regionale Küche kann kunstvoll und vor allem nach (T)euro-Einführung bezahlbar sein.

Selbstverständlich hat jede Region in deutschen Landen ihre ureigenen Spezialitäten, die sogenannte „Omas Küche" die ihr e Zutaten aus den heimischen Regionen bezog.
Dazu gehörten und gehören sämtliches Wildbret und auch viele Süsswasserfische. Im Raketen- und Internetzeitalter ist es natürlich kein Problem vom In- und Ausland, aus internationalen Salz- und Süssgewässern, Fangfrisches auf den Teller des Gastes zu bekommen. Es sollte doch eine Selbstverständlichkeit sein, den Gast und den Stammgast mit vielen Events (Höhepunkten) von jeweiligen Saisonangeboten und Genüssen zu verwöhnen.

Allein schon unser Edelgemüse, der Spargel, ist in vielen Varianten zuzubereiten. Für mich ein Genuss, ihn zu be- und verarbeiten. Beim Schälen behandeln wie eine Frau: vorsichtig am Kopf anfassen und nach unten streicheln.

Ich erinnere mich gerne an meine Zeit als Küchenchef in einem noch heute renommiertem Restaurant im Hochtaunus nahe Königstein. In dieser Position erklärte ich mich auch bereit (ohne dass ich es wusste), Köche für die Bundeswehr-Kasinos, Kantinen, Kauf- und Krankenhäuser sowie weitere Institutionen, die eine Fünftagewoche, möglichst keine Feiertags- und Abendarbeitszeit hatten, auszubilden.
Der Spaß an Kreationen, das Experimentieren und das innovative Arbeiten beim Herstellen von Büffets, an neuen Rezepten und Vorschlägen für Festmenüs usw. ging bei den meisten Auszubildenden oder auch schon bei den fertig Ausgebildeten verloren, wenn Sie die erste Freund(in) hatten, die nichts mit diesem Beruf verband. Natürlich ist dieser sogenannte Dienstleistungsberuf nicht sehr familienfreundlich. Man weiß, die Hauptarbeitszeit ist dann, wenn die Mehrheit der Menschen frei hat. Aber es gab auch Andere, die nahmen die Möglichkeit wahr, die dieser Beruf bietet. Sie begannen nach ihrer Ausbildung, dort zu arbeiten, wo ande-

re Urlaub machten oder bereisten beruflich viele große Städte im In- und Ausland, bis sie in einem Hotelkonzern oder Restaurant mit großem Namen (ohne Rumfortsuppe) eine Führungsposition erreichten.
Daran erinnere ich mich gerne: wenn bei uns auf der Speisekarte *Fasan* stand, dann fand der Gast auch einen *Fasan* auf seinem Teller. Mit umwickelten Speck, abgezogenen Weinträubchen, dressiertem Sahnepürre und Weinsauerkraut, dazu eine herrliche Sauce (Butter nicht zu vergessen). Mit *Fasan* meine ich natürlich, einen ½ Vogel pro Person und nicht nur 3 Tranchen von einem Fasanenbrüstchen. Selbstverständlich wurde in der Küche blanchiert, glaciert, gratiniert, flambiert, legiert, mariniert und nappiert.

Wir hatten umfangreiche Appellationen von Pomerol, Margaux, Degustation von Bordelais, kulinarische Spezialitätenwochen usw. Und das alles ohne „Sterne" Zubereitung von Speisen unter den Augen der Gäste war für uns eine Selbstverständlichkeit, dabei schockten wir den Gast nicht mit *„Front-Cooking"!* Steinbutt, Seezunge und Seeteufel standen auf der Speisekarte, vielleicht hätten wir ein paar Mark mehr nehmen können, wenn wir geschrieben hätten *„Barbue ou turbot",„Soles",„Lotte de mer"!*

Dass bei uns die *„Consomme Royal"* immer noch *„Kraftbrühe mit Eierstich"* hieß, machte sich in der Geldbörse der Chefin auch negativ bemerkbar.
Dem Süsswasser entsprangen die *Hechte* (Hechtklösschen war ein Klassiker), *Forellen und Karpfen.*
Milchzicklein und Spanferkel wurden im Ofen gebräunt und dann serviert.

Markklösschen und Kroketten wurden handgerollt, der Alptraum eines jeden Koch-Lehrlings. Sie hatten nie eine Kühltruhe gesehen.
Eingekauft wurde 3x wöchentlich auf dem Großmarkt. Frisch-Fisch kam direkt über Nacht aus Le Havre. Wildbret (Reh- und Schwarzwild) lief uns direkt aus heimischen Revieren und Wäldern ins Messer (früher gab es immer große Strecken bei Jagdgesellschaften).

Regionale, bodenständige Küche und ausgesuchte internationale Spezialitäten lockten den Gast ins Haus. Es war bezahlbar, kinderreiche Familien, Singles, Verliebte, Buss-Gesellschaften und Messebesucher, alle kamen auf ihre Kosten und konnten uns bezahlen. Manchmal denke ich: Wenn die Geschäftsführung mit *„Nouvelle Cuisine"* oder *„Cuisine March"* geworben hätte, dann hätten wir unseren kargen Lohn in die Höhe schrauben können.

Natürlich sind Restauration und Küche einem gewissen Modetrend unterworfen. Den macht die *„Creme de la creme"* unter den gelernten Köchen und Gastronomen, die es auch verdienen, *Stars* in der Branche genannt zu werden und die leider nur von wenigen bezahlbar sind. Für den Laien sind diese Gastro-Genies in einschlägiger Fach- und Medien-Literatur zu finden.
Ich möchte Ihnen noch ein paar Ratschläge mitgeben, die Sie aber nicht einhalten müssen, wenn Sie eine robuste und vor Gesundheit strotzende Natur sind... Ich habe vor ca. 38 Jahren als Schüler ein Praktikum in einer Touristen-Restaurantküche in einer Rheinregion gemacht. Jeden Tag kamen 10 Busse, sogenannte Kaffeefahrten aus dem Pott und Holland, jeweils 50-60 Dosenwurstkaufwütige (aus eigener Schlachtung), Menschen im besten Alter. Abgesehen davon, dass der Chefkoch den Küchenrotwein und Saucen-Weinbrand ab morgens 9.00 Uhr selbst soff, hatte er eine Kochjacke an, auf der der komplette Wochenrückblick und wahrscheinlich die Küchenfahrkarte der kommenden Woche zu sehen waren. Hier lernte ich schnell, warum man sonntags im Restaurant keine Leber mehr bestellt und montags auf keinen Fall ein Spezial-Fischmenü kauft. Ist doch klar, geschlachtet wird montags, manchmal auch dienstags, wie alt wird dann wohl die Leber sein?! Frischfisch wurde donnerstags, im äußersten Fall Freitags angeliefert. Alles, was am Wochenende nicht verkauft wurde, war am Montag plötzlich eine Spezialität! Ich glaube, deshalb fiel der in der Gastronomie beliebte Ruhetag, am Montag aus. Seit dieser Zeit esse ich auch kein *Ragout fin* mehr. In seiner Rotwein-Baby-Sprache versuchte mir der Küchenchef jedes Mal mitzuteilen, was für Vorbereitungsarbeiten anstehen, um am nächsten Tag hunderte hungrige Gäste zu verwöhnen. Jeden Abend wurden, ich weiß nicht mehr wie viel, sagen wir 50 Hühner ausgenommen, alle Innereien gekocht. Dann zeigte man mir, wie man Magen, Herzen, Leber in Würfel schneidet, alles in einer großen Schüssel mit vielen Dosenchampignons vermengt. Dann lernte ich, das war toll, wie man Bechamelsauce kocht und alles Geschnittene inkl.

Champignons dazu gab. Der Reis wurde gekocht und der Chefkoch schmeckte alles im Delirium ab. Dann kamen die Busse! *Ragout fin im Reisrand* mit kleinem Salatteller, Sie glauben es nicht, war der Renner! Hühnerfricassee und Geflügelsalat waren Standard. Inflationäre Ausmaße übernahmen die auf die Speisekarte gesetzten *„Froschschenkel provencale"* oder Schildkrötensuppe *„Lady Curzon"!* Der ganze Stolz des *Küchen-Barons.* Wie gesagt, dass war vor knapp 40 Jahren. Denken Sie einfach, dass es noch die Nachkriegsjahre gewesen sind.

Nochmal zurück zu den Sterneklitschen; Ich will nicht den Stab über Sie brechen. Sollte sich ein Restaurant-Eigentümer berufen fühlen und der Meinung sein, er sei zu gut, um keine Sterne zu haben, muß er richtig auf die Pauke hauen. (Leider können die meisten die Pauke hauen, Sie aber nicht tragen). Das bedeutet ungefähr soviel wie, 2 Kellner für einen Gast und genauso viel Köche, das kostet und geht zu Lasten des Gastes. Mitarbeiter, die von gewissen Magazinen, wie M...,S...,G.M...usw. besternt werden, sind aber in der Regel fachlich Ihr Geld wert. Nicht selten kommt ein schmarotzender Restaurant-Kritiker mit studierender Freundin vorbei. Die Endorphin-Ausschüttung und der Adrenalin-Spiegel des Restaurant-Chefs, (samt Mitarbeiterstab in weiß und schwarz,) steigt ins Unermessliche, wenn der ess- und lebensbejahende Herr mit besten Manieren und seine *unglaubwürdige* Freundin, jeden Gang des Menüs samt dazugehörenden Weine auseinander nehmen. Ich übertreibe jetzt ein bisschen. Es ist auch nicht in allen Restaurant dieser Güte so. Es gibt auch noch viele, die ihr Handwerk von der Pike auf gelernt haben (siehe Fernsehköche usw.). Nur die bekommen mittlerweilen schon Konkurrenz von Möchtegern-Gastronomen, die über ein abgebrochenes Abitur zu einer sechstklassigen Bierschwemme hinauf klettern um dann mit Hilfe von mysterischen Geldgebern zum Chef eines selbsternannten Gourmet-Tempel mit „Hoher Küche" zu avancieren. Als ich eine Eröffnungsanzeige gelesen hatte, in der die zukünftige „Hohe Küche" gepriesen wurde und ich feststellte, wer das Lokal betreibt, musste ich erst überlegen, ist die bauliche Höhe in der Küche gemeint oder sollte der Gast im Stehen essen?! weil die Tische so hoch sind?!

Allein der Slogan „Hoher Küche" rückt den Preis auf der Speise- und Weinkarte bestimmt ein paar Euro höher.

Bei einem Gläschen Wein *(trockener deutscher Wein, aus dem Hause Vollrads, nicht Edelzwicker oder Blanc de Blanc, der lange in deutschen Landen der Renner war, weil die deutschen Winzer nicht mitbekommen hatten, dass trockener Wein im Kommen ist und sie noch immer Ihre Spätlese favorisierten; aber das ist auch schon lange her!)* unterhielt ich mich mit diesem Typen. Meine Fragen, wie oft er seine *Demi-glace* ansetzte oder wann er morgens mit dem *Mis-en-place* anfing, konnte er nicht beantworten. Die Frage nach seinen heutigen Salzwasserfischen oder nach dem Sauerampferpüree, empfand er als Zumutung. Ich finde es eine Zumutung, dass er sich mit seiner Werbung, auf eine Stufe mit Deutschlands besten Gastronomen stellen will. Wobei ich mich natürlich auch nicht meine. Ich glaube nicht, dass er schon mal ein Mettbrötchen selbst gemacht hat. Das für einen Gourmet-Tempel wichtige Personal kann man natürlich einkaufen. Die Erfahrung zeigt aber immer wieder, dass dies nur zu selten gut geht, wenn der Chef überhaupt keine Ahnung hat. Ich will hier nicht großtun und über das alles richten wollen, keinen verurteilen und niemanden beurteilen. Auch fühle ich mich heute, als Mitarbeiter einer prima Bier- und Apfelweinschänke pudelwohl ! Aber ich habe ein kleines bisschen Einblick in diese Materie als gelernter Metzger, Koch, Hotelfachschüler nach Einsatz in der Schweiz und in erst- zweit- und drittklassigen Restaurants in Deutschland. Ich persönlich bin der Meinung, in einem Schlemmerparadies arbeiten zu können und zu dürfen, ist kein Beruf, sondern: *„Das ist Berufung"!*

Meine Berufung bedeutet:"Zurück zur Sachlichkeit"!
Die rustikale und bodenständige Gastronomie, auch für den kleinen Geldbeutel, wo man sieht was auf dem Teller liegt und das Preis-Leistungsverhältnis stimmt. Ich organisiere ein kleines, aber originelles Lokal, in dem der Getränkeumsatz immer höher sein soll als der, der Speisen. Unsere Devise ist: Bier und Getränke begleitende Gerichte. Das ist kein Resignieren von Einem der von der Pike auf gelernt hat, sondern das bedeutet einfach, *Altes aus Omas* herkömmlicher Küche

zu einer Gaumenfreude bereiten und mit Herzlichkeit servieren. Den Gast zu verwöhnen und trotzdem nicht die wirtschaftliche Seite aus den Augen zu verlieren. Deshalb auch der höhere Getränkeumsatz.

Aus diesem Grunde, denke ich, kann ich mir erlauben auch mal die Schattenseiten der oftmals hochgejubelten Pseudo-Edel-Gastronomie zu hinterfragen.

Ein französischer Über-Koch mit Namen „B.......“, vor vielen, vielen Jahren in aller Feinschmecker Munde, drehte den Spieß um; Er verkauft heute sündhaft teure Dosen-Spezialitäten, mit Gewinn!

Wenn Sie anfangen zu kochen, vergessen Sie nie die Butter für die Saucen. Saucen ohne Butter ist wie Sex im Fernstudium. Es gibt wirklich kein Ersatz für die Orginal-Zutaten. Das ist fast das ganze Geheimnis einer brillanten Sauce. *Butter!*
Genau so ist es mit Kräuter. Ein paar frische Kräuter zum würzen und garnieren bewirken Wunder. Petersilie, Schnittlauch, Dill, Rosmarin, Pfefferminze, Melisse.

Zurück zu unseren Gesprächen über die Bedürfnisse des Gastes heute.
Ich glaube persönlich, die billigste Werbung sind zufriedene, motivierte Mitarbeiter. Die Bezeichnung *„Personal“* ist meines Erachtens überholt, Mitarbeiter sind *Partner* und die werden nicht vom Chef bezahlt, sondern von zufriedenen Gästen und Kunden.

Saubere Kleidung ist eine Vorraussetzung beim Servieren im Restaurant. Sollte sich ein Küchenmitarbeiter ins Restaurant verirren, gilt das selbe. Skatkloppende Köche am Stammtisch, in der Bar oder Restaurant haben dort nichts verloren. Zumal, wenn sie noch Ihre Arbeitsgarderobe anhaben, auf der die Speisefolge des Tages zu sehen ist.

Und nicht nach dem Motto: *„Der Gast hat sich so zu verhalten, dass der Chef samt Mitarbeiter sich wohlfühlen“*, sondern genau umgekeht.
Selbstverständlich haben die Mitarbeiter in der Gastronomie auch gewisse Vorstellungen von einem angenehmen Gast!

Essen gehen bedeutet , wie schon beschrieben, sich in einem kulturellen Rahmen zu bewegen. Ich stelle mir einen guten Koch und Gastronom in einem Schlemmertempel, folgend vor. Neben einer qualifizierten, fachlichen Ausbildung, sollte er über eine gute Allgemeinbildung verfügen, gepaart mit angenehmer Schlagfertigkeit, Humor und Witz.
Wenn der Gast auch gewisse Regeln beherrscht, ist das Zusammenwirken von Gast und Gastronom für beide Seiten fruchtbar.

Eine Tages- und Küchenempfehlung des Kellners oder der überaus ansehnlichen Restaurantfachfrau, mit den Worten zu erwidern: *„Muß das weg?!“* ist nicht immer komisch. Der Gast sollte darauf vertrauen, dass nur Qualität und Frische empfohlen wird. Eine Ente, gerade im Ofen, ist eben nur heute eine Empfehlung.
Oftmals werden den Köchen oder Kellnern auch das Unvermögen des Gastes zum Verhängnis. Kein Lob an die Küche, kein Trinkgeld für den Service. Weil ein Tisch mit acht Gästen, jedes Menü mit Sonderbestellungen auseinander gerissen hat. Jeder zu der Gruppe gehörende Gast dazu noch ein anderes Gericht bestellt. Da aber alle gleichzeitig essen wollten, hat es länger gedauert.

Es scheinen auch manche Gäste immer auf der Flucht zu sein?! Bei Einkehr im Biergarten, rufen sie der Bedienung im Laufschritt ihre Bestellung zu. Sind dann gereizt, wenn beim Platznehmen das gewünschte und zugerufene Getränk noch nicht auf dem Tisch steht.
In den Biergarten oder in die Apfelweinbeize kann man gruppenweise ein- und reinfallen und wird auch gerne gesehen. In das Restaurant kann man *reingehen.*

Jungen aufstrebenden Fachleuten aus der Gastronomie, die den Ehrgeiz haben, sich in die Gefahr einer Selbstständigkeit zu begeben, auch noch einen gewissen selbstzerstörenden Hang besitzen, empfehle ich folgendes:
Realistisch und gut verständliche Speisekarte. Gute Rezepturen können auch geklaut werden, sollten aber immer selbst durchgekocht sein.

Eine besondere Vielfalt an gut zusammengestellten und auch nachvollziehbaren Leckereien für *„Jedermann“* sind die Rezepturen von:
Alfred B. (Unbeabsichtigte Werbung)

Kleine und oft wechselnde Speisekarte vermitteln die Gewähr von Frische.
Keine 40 Schnitzel-Variationen, dafür sind unsere vorstoßenden Kollegen aus anderen Ländereien zuständig.
Gewisse Fantasie-Kreationen lässt der Gast zu. Inhaltsangaben müssen aber zu schmecken sein. *Balsamicojus* ist vertretbar. *Proseccorahm* hört sich nur gut an. *Eiernudeln* vermitteln den Eindruck, Nudeln werden grundsätzlich ohne Eier zubereitet. Hört sich doch blöd an, wenn die Mutter sagt: *„Butterbrot mit Butter?!“*

Es ist sehr schwer für kleine Wirtshäuser, Biergärten, Apfelweinpinten und kleinere Familienbetriebe, ausgebildete und gelernte Service-Mitarbeiter zu bekommen. Aber auch ungelernte Mitarbeiter sind lernfähig und lernwillig. Selbstverständlich sollen sie jeden Tag wissen und darüber *aufgeklärt* sein, was sie aus Küche und Keller, *„heute“*, dem Gast empfehlen können.

Historisches von Heinz Erhardt:

Vom Alten Fritz, dem Preussenkönig,
weiß man zwar nicht viel, doch viel zu wenig.
So ist zum Beispiel nicht bekannt,
dass er die Bratkartoffeln erfand!
Drum heißen sie auch - das ist kein Witz -
POMMES FRITZ!

Zeichnung von Walter Leutheuser

Herzlichen Dank!

Allen Mitarbeitern und Freunden, denen ich beim Zustandekommen dieses Buches die Zeit geklaut habe, möchte ich danken. Auch schon im Voraus für den 2. Band.

Unsere Gäste in Limburg kamen dadurch nicht zu kurz, da ich für die Arbeit am Buch, die ***Sperrzeit*** unseres Lokals benutzt habe. Dadurch mussten wiederum Familienmitglieder ihre berechtigte Forderung an mich hinten anstellen. Aber versprochen, nach dem 1. Band und vor der Fülle an Material des 2. Bandes, mache ich sie alle wieder glücklich! – meine Frau Stefanie und unsere Kinder Götz, Eva, Viktoria, Luisa und Alexander–.

Besonderen Dank an Willibald Diefenbach, (der, wenn er einmal dran... super drauf ist...)

Der Stadt Limburg für Infomaterial. Friedel Kloos für die Bereitstellung seines Archives und dem Hotel Glashüttener Hof in Glashütten Taunus, für die gelegent-liche Bereitstellung der großen Restaurantküche.

Hartmut „Hardy" Götzen